Cartas aos chefes

José Spina

CARTAS AOS CHEFES

SUMÁRIO

José Spina, nasceu em São Paulo em 4 de agosto de 1912, filho de imigrantes italianos, que para cá vieram trazendo em sua bagagem um bom acervo cultural o que de forma indelével marcou a formação de José Spina.

Fez sua promessa escoteira com pouco mais de 10 anos em 7 de setembro de 1922 na Tribo Goitacás na qual assumiu a condição de Chefe escoteiro em 16 de dezembro de 1927.

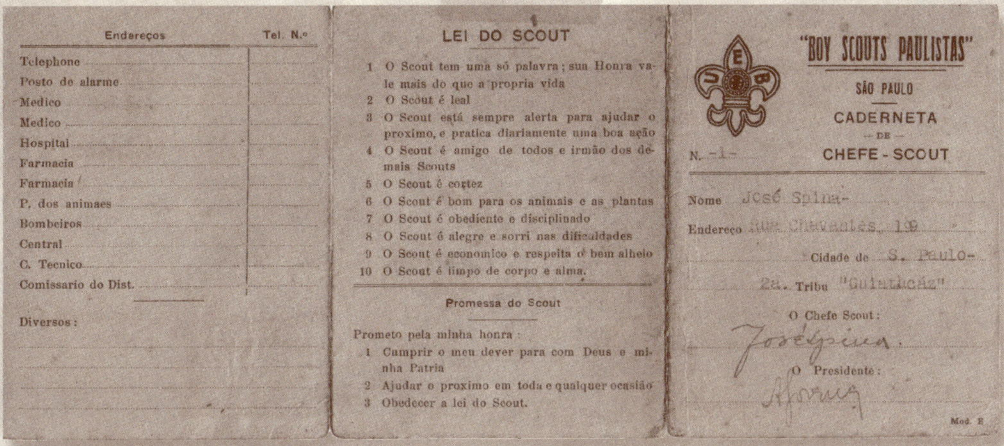

Endereços — Tel. N.º

Telephone
Posto de alarme
Medico
Medico
Hospital
Farmacia
Farmacia
P. dos animaes
Bombeiros
Central
C. Tecnico
Comissario do Dist.

Diversos:

LEI DO SCOUT

1 O Scout tem uma só palavra; sua Honra vale mais do que a propria vida
2 O Scout é leal
3 O Scout está sempre alerta para ajudar o proximo, e pratica diariamente uma boa ação
4 O Scout é amigo de todos e irmão dos demais Scouts
5 O Scout é cortez
6 O Scout é bom para os animais e as plantas
7 O Scout é obediente e disciplinado
8 O Scout é alegre e sorri nas dificuldades
9 O Scout é economico e respeita o bem alheio
10 O Scout é limpo de corpo e alma.

Promessa do Scout

Prometo pela minha honra:
1 Cumprir o meu dever para com Deus e minha Patria
2 Ajudar o proximo em toda e qualquer ocasião
3 Obedecer a lei do Scout.

"BOY SCOUTS PAULISTAS"
SÃO PAULO
CADERNETA
DE
CHEFE - SCOUT

N. -1-
Nome José Spina-
Endereço Rua Chavantes, 19
Cidade de S. Paulo-
2a. Tribu "Guiaicurús"
O Chefe Scout: José Spina
O Presidente: Aforniz
Mod. E

HISTORICO — DATA — VISTO

Nasceu em 4-8-912
Inscrito em 6-8-922
Prestou compromisso em 7-9-922
"Campo Escola" iniciou em ... terminou em ...
Recebeu Diploma

NOTAS
Assumiu a chefia da 2ª Tribu, em 16-2-927.

MERITOS — VISTO
distintivo de grau n.º 2

Fot. tirada em 2 . 8 . 933
O Comissario Tecnico
"BOY SCOUTS PAULISTAS"

Sua atuação foi de importância ímpar na formação da Boy Scout Paulista que tem como sua continuadora hoje o 1º Grupo Escoteiro São Paulo.

José Spina faleceu em São Paulo no dia 30 de maio de 1995 e ao seu velório em Hospital no bairro do Brás compareceram inúmeros escotistas e antigos escoteiros

EXPLICAÇÃO NECESSARIA

No correr do curso da Escola de Chefes percebi que o tempo para abordar principios e delimitar objetivos éra escasso. Por este motivo decidi ventilar assuntos que, escritos, servissem de consulta quando houvesse oportunidade.

Propositadamente procurei os que por omissão ou por serem problemas recentes ~~locais~~, não vêm nos trabalhos já escritos sobre a nossa obra. Não foi facil adquirir a coragem de tratar questões por vezes delicadas, como algumas das que aqui vão. Mas, entre tecer elogios, levando calma e amena a vidinha, deixando às urtigas os problemas por resolver e encara-los de frente provocando a sua solução, optei por esta ultima alternativa. Ao faze-lo não ignorei a ingratidão de um trabalho desta natureza, pois sabia que ao correr todas as cortinas do cenario, esbarraria com uma teia de aranha aqui e outra além. Ademais, outros têm o direito de opinar de maneira diversa. A estes gostaria de insistir para que se manifestassem, para que do esclarecimento surja alguma conclusão bôa para a nossa obra, embora diferente das minhas ideias.

Esforcei-me por interpretar um bom escotismo. Si nalgum ou mais pontos tenha fugido dessa finalidade que considero básica, estou disposto a emenda-los na mesma hora em que alguem tenha a bondade de esclarecer-me sobre o assunto.

Nem tudo o que vai aqui são lirios, mas si ao analisar procurei côres um tanto vivas o fiz unicamente desejoso de fazer ver aos chefes que se iniciam que não é de qualquer maneira que se faz escotismo. Por outro lado, estas criticas foram feitas do meu posto de Diretor da Escola de Chefes, isto é, àquele a quem cabe dizer como é o escotismo certo e como é o escotismo errado.

Repito não ter sido meu intuito magoar alguem, mas tão somente o desejo de salvaguardar direitos do nosso tão querido movimento. Si nisso andei errado tanto melhor, não havendo mal de que cuidar. Si estava certo, penso pelo menos ter levantado a questão para que outros, com melhor propriedade, cuidem da sua solução.-

José Spina

SE É QUE É POSSÍVEL UM PREFÁCIO

Quando se tem um misto de admiração, respeito e confiança no autor de alguma coisa, torna-se muito difícil expressar o que se sente em relação à sua obra.

É assim que me sinto ao ter que escrever sobre Cartas aos Chefes, escritas por José Spina. Trata-se de um conjunto de missivas endereçadas aos voluntários adultos que participavam da Escola de Chefes da Federação Paulista de Escoteiros.

São textos escritos por alguém que não só entendeu escotismo em toda a sua amplitude, mas principalmente viveu, vivenciou, praticou e de forma muito especial ensinou a ser escoteiro.

Homem de mil facetas, José Spina ou para todos os que tiveram o privilégio de o conhecer simplesmente Chefe Spina, teve uma vida, das mais interessantes que um homem pode ter. De uma curiosidade sem par, raro foi o segmento do conhecimento humano por onde ele não tenha caminhado.

De uma habilidade manual indescritível que foi da construção de simples barracas, passando por um telescópio e chegando até a um enorme barco "Albatroz" que durante muitos anos foi o maior que flutuou na Represa de Guarapiranga em São Paulo.

No escotismo iniciou como membro juvenil, atuando em uma "Tribo" localizada junto à paróquia de São Antonio do Pari bairro da capital Paulista. Sua carreira no escotismo foi célere, atuando em todas as situações de membro juvenil até que em 1923 se engaja na "Boy Scouts Paulista" hoje 1º Grupo Escoteiro São Paulo, entidade fundada por Rodolfo Malampré que já era oriundo do movimento católico no Rio de Janeiro. Os primeiros tempos dessa novel entidade decorreram junto à igreja da Consolação sob as bençóes de Monsenhor Bastos.

Na BSP teve destacada atuação ao lado de companheiros de todas as horas como: João Mós, Léo Ribeiro de Moraes, Crescencio Spina, José Gayotto, Orestes Pero José de Pina Figueiredo.dentre outros.

Esse mesmo grupo de então "Rovers" \Pioneiro, deflagrada a Revolução Constitucionalista de 1932 se engaja de forma marcante, trabalhando nos hospitais de sangue nas mais diferentes frentes de batalha. Essa atuação foi alvo de admiração por parte de Baden-Powell em correspondência dirigida ao Brasil.

Seu relacionamento com o lideres escoteiros sempre foi muito ativa, em especial com Benjamim Sodré, Pedro Dias de Campos e Mario Cardim.

A grande ação do Chefe Spina está centrada nos seus ensinamentos. Como poucos entendeu a profundidade educacional do escotismo, suas características e a simplicidade em se praticá-lo.

Como fundador e dirigente da Escola de Chefes responsável pela formação de alguns milhares de escotistas sua ação e trabalho estão demonstrados no desenvolvimento do escotismo em especial em São Paulo, cujos suportes tiveram sustentação nas sólidas bases por ele plantadas.

Na implantação do esquema de adestramento de adultos calcados nos ensinamentos oriundos de Giwell Park, Chefe Spina foi de uma importância sem par. A ele esteve afeta toda a estruturação e desenvolvimento das seções relativas à prática escoteira.

Infelizmente nós, no movimento escoteiro, temos uma memória muito curta em todos os seus aspectos. Seja para pessoas seja para fatos.

Quis o destino orientado pelas mãos do nosso Chefe Maior que todos esses textos permanecessem de posse da família e que tem como um de seus membros o André Spina Avino sobrinho neto membro atuante o 1º Grupo Escoteiro São Paulo

Com Essas Cartas aos Chefes que ora vem a público se espera que mais pessoas possam conhecer e, em especial, apreender um pouquinho mais sobre o escotismo sob a ótica desse brilhante escotista, ser humano que foi José Spina, de quem tive o honra e privilégio de ter sido escoteiro.

Sempre Alerta Chefe

Luiz Carlos Gabriel
Janeiro de 2009

UNIÃO DOS ESCOTEIROS DO BRASIL
CONFEDERAÇÃO BRASILEIRA DOS ESCOTEIROS DE TERRA
FEDERAÇÃO PAULISTA DE ESCOTEIROS
REGULAMENTO
DO
CAMPO-ESCOLA "FERNANDO COSTA"
HORTO FLORESTAL DA CANTAREIRA — SÃO PAULO
1947
São Paulo
UNIÃO DOS ESCOTEIROS DO BRASIL
FEDERAÇÃO PAULISTA
DE
ESCOTEIROS
Regulamento da Escola de Chefes
1944
S. PAULO · BRASIL

LIBERDADE

É hábito comum quando se inicia um curso qualquer, começar exigindo obediência, às vezes mais, às vezes menos intensamente.

Da minha parte desejo deixar bem claro que, contrariando essa regra, o que peço é que não me obedeçam, toda vez que a consciência indicar que eu esteja dando alguma ordem errada.

Esta é uma das diferenças do sistema de educação usada pelo Escotismo. O movimento Escoteiro destina-se, única e exclusivamente, ao preparo de cidadãos honestos e cumpridores do seu dever, que não desconhecem a vantagem da precisão de rapidez na execução das suas obrigações, mas, por outro lado, são orgulhosos de serem intransigentes depositários da mais bela conquista do gênero humano: a Liberdade.

O apanágio dos grandes povos, que trabalham intensamente, mas têm a felicidade de manter a cabeça erguida e alegre, é o seu direito de julgar as coisas.

O escotismo é um agrupamento de individualidades, não a individualidade de um grupo.

É mas eficiente a si próprio e à coletividade do homem que é independente por norma e trabalha por sua vontade, do que aquele que faz sombra à sua casa e, para viver, faz simbiose com os que já bem aquinhoados na vida.

Aos que duvidarem das vantagens do método de "convencer" em vez de "mandar", terão a resposta na página da História do mundo, que estamos vivendo agora: Os povos que tiveram uma vida altamente arregimentada, mas privados da sua liberdade, embora preparados para a luta até aos dentes, estão sendo batidos para o seu curral pelos povos livres e sobranceiros, que trocaram o seu chapéu de feltro de cidadão pacato pelo capacete de aço de soldado.

Cartas aos chefes

Entretanto, não confundir o sentido que deve ter a Liberdade. Essa, não é outorgada ao indivíduo para fazer o que quiser, mas sim o que deve ser feito.

Vamos trabalhar, pois com o afinco e a dedicação próprias dos homens bem intencionados, mas com o espírito alegre e altivo daqueles que cumprem com o dever porque sabem que estão construindo a sua felicidade, exatamente por estarem empenhados na construção da felicidade do próximo e da Pátria.

Isto é o escotismo.

ESCOLHER O CAMINHO

A cada passo na vida, encontramos uma encruzilhada. E nem sempre, infelizmente, acha-se ali assinalado o célebre sinal de "caminho a seguir".

Muitas vezes torna-se fácil escolher o melhor caminho. Outras demandam um pouco mais de reflexão, mas, finalmente, descobrimos qual a melhor saída. Algumas vezes, porém, o caminho escolhido preliminarmente como o melhor, revela-se logo sem seguida como mau. Depois escolhemos um outro, e concluímos também que não serve. Estamos então em uma situação embaraçosa.

Certa vez – e eu ainda era criança – havia dado a um chefe de escoteiros no Rio um estojo de costura que quase todos os do meu grupo possuíam. Era inteiramente feito de bambu, sobre o qual se enrolavam linhas de três cores. Dentro do tubo maior havia agulhas e alfinetes. Numa das partes livres do tubo maior guardavam-se alguns botões. Alguns, mais habilidosos, ainda faziam constar, num pequeno encaixe de uma das tampas, um pouquinho de cera para auxiliar a costura de alguma coisa mais resistente, como o couro, por exemplo. Quase todos tinham o seu, feito pelas próprias mãos e traziam sempre consigo quando iam para o campo.

O chefe a quem eu dera o meu estojo pediu que escrevesse o meu nome sobre ele. Depois de pensar um instante, escrevi apenas isto "Na trilha certa".

Realmente, esta deve ser a norma de todos. Divertir-se; agir; estudar; cumprir as suas obrigações, mas nunca perder de vista as finalidades básicas da vida.

Tomemos sempre como exemplo a prática habitual do marinheiro. Seja qual for o tipo do seu barco, uma humilde "casca de noz" ou um luxuoso transatlântico, age ele sempre da mesma maneira: logo que perde de vista a terra firme, procede todos os dias até o final da viagem, à determinação do "ponto", isto é, saber diariamente: de onde veio, onde está e para onde se dirige. Quer se valha ele de processos empíricos ou da última palavra instrumental de bordo, o resultado difere apenas na precisão, mas a finalidade é a mesma: não errar o caminho.

Também nós devemos nos habituar a proceder da mesma maneira. Avaliar o que temos feito o que estamos fazendo e o que pretendemos fazer.

Teremos, assim, assegurada a probabilidade de fazer da nossa vida uma linha mais ou menos reta, pois o hábito da análise das coisas nos dará os meios de distinguir qual o ramo da encruzilhada a seguir, dentro da ética comum dos bem intencionados.

ATIVIDADES DE CAMPO

Vocês não ignoram que o pivô do nosso movimento é o campo. Quando alguém pergunta o que é o escotismo, respondem-lhe: Fazemos isto, aquilo... e vamos a excursões e acampamentos.

Quando um rapaz ingressa num grupo de escoteiros, vai deparando gradativamente com uma porção de coisas que lhe lembram atividades de campo. Nós; maneira de preparar fogo; comunicações à distância; topografia; meteorologia; pioneira; conhecimento dos animais; plantas e minerais e etc., entremeadas, é claro, com as demais partes pioneiras do programa de educação e doutrina escoteira.

Ora, como vocês estão fazendo um curso de chefes, cuja finalidade primordial é estudar a melhor maneira de ministrar a prática do escotismo, e desde que o escotismo tenha em comuns excursões e acampamentos, torna-se relevante a importância de conhecer os motivos dessa prática, para estabelecer quais as condições ideais em que deverá ser empregada. Procuremos. primeiramente, analisar o porquê da questão, para passarmos em seguida como ela deverá ser realizada com justeza e proveito.

O escotismo tem como finalidade preparar cidadãos corretos, eficientes, bons e fortes, para serem úteis à Pátria, ao Próximo e à sua família. Quase todos os sistemas clássicos de educação baseiam-se no doutrinamento dessas mesmas qualidades, mas poucos passos deram no sentido de proporcionar ao indivíduo um ambiente e um treino adequados, para que aquelas qualidades pudessem ser adquiridas sem o sentido de estoicismo, mas, ao contrário, com o sentimento natural de que a prática do bem e o esforço pela correção e eficiência sejam qualidades que poderíamos chamar de "automáticas".

Quando o sistema antigo de educação produz um indivíduo bom, este é, quase sempre, uma pessoa a quem costumamos chamar de abnegado, no rosto do qual pode-se ler o esforço que faz para inventar um programa de vida, pois só lhe foi ensinado o que não deve fazer. Quando o escotismo produz um indivíduo bom, o esforço que este deve dispender é muito menor, pois foi treinado num sistema de educação que o acompanhou em todas as horas da vida, aconselhando-o em cada dificuldade como resolver o problema da maneira melhor possível. E, mais ainda, foi-lhe provado que a prática do bem não é um sacrifício, mas sim a melhor forma de felicidade que se possa esperar na terra.

O escoteiro, portanto, devia ter um meio atraente para aplicar o seu programa sui-generis de educação. O seu fundador escolheu sabiamente a natureza, que reúne todas as qualidades possíveis de desejar: Misteriosa e deslumbrante, para seduzir; Caprichosa e difícil de vencer, para temperar os músculos e a vontade; Agressiva e traiçoeira, às vezes, preparar-nos para os revezes da vida; Pródiga e compensadora, quando bem entendida e explorada, para forçar-nos ao hábito do estudo e do trabalho.

O campo é para o escoteiro o treino para a vida real. Não importa que o escoteiro mais tarde vá ser marinheiro e não lhe toque mais com os pés. Não importa, também, que ele vá trabalhar dentro de quatro paredes em uma oficina. O campo serve para adquirir o hábito de resolver as dificuldades. Este é o seu motivo principal.

Agora vamos analisar como deverão ser as atividades de campo para que aquelas finalidades sejam atingidas.

O chefe deverá começar preparando os rapazes na sede, para as atividades que vai realizar. Material que vai para o campo, sempre dentro do princípio: Não faltar nada indispensável, dentro do espaço do peso o mais reduzido e ligeiro possível, sendo neste ponto onde a técnica do chefe se revela. Treino de nós; orientação; intempérie; refeições ligeiras, mas sadias; estudo dos contratempos; perigos, etc.

O escoteiro não é um pedinte. Desde os primeiros dias deverá ser habituado a bastar-se a si próprio. Conheci um chefe que realizou durante anos com o seu grupo, as excursões mais lindas que se possa imaginar. Percorreu estações balneárias, vilas e capitais, deixando com água na boca os mais exigentes turistas. Analisando o sistema por ele empregado para conseguir fazer tudo aquilo, o sentimento que me despertou não foi o de inveja, mas de pena. Gastava nada ou quase nada. Bastava para tanto uma correspondência abundante, cheia de bajulações e não poucas inverdades, endereçada a prefeitos, vigários, jornalistas, chefes-de-polícia, políticos, etc.

A dificuldade maior era encontrar "quem" entrasse com as passagens. O resto vinha por aí, com a reação provocada pela correspondência pouco escrupulosa. Quando o trem, resfolegante, despejava a "meninada" na estação de destino, esta não tinha muito espírito escoteiro. Tinha, em compensação, muita fome e muita sede de divertimento. Indefectivelmente eram aguardados na estação pelo menos duas bandas de música: uma mandada pelo prefeito e outra pela oposição.

Depois vinha o desfile.

Não era uma simples marcha até um local onde as crianças pudessem repousar um pouco da viagem quase sempre esfalfante (pois os lugares preferidos eram quase sempre os mais longínquos). Era tal de marchar até rebentar. Arrancando a pele das mãos para produzir com os tambores os ruídos mais infernais possíveis, só não sopravam o pulmão pelas cornetas porque a natureza reservou a vertigem para dizer "pare". Esse caso de vertigem de meninos que sopram cornetas não é fantasia. É a pura realidade. As marchas de chegada levavam a criançada (que acreditava ser escoteira), daqui p/ acolá: Prefeito, delegado, vigário, jornais, políticos, etc. Era uma espécie de "bença padrinho", que o pseudo-chefe devia fazer, para justificar os favores recebidos e os por receber.

As estadias de três ou quatro dias em lugares assim eram preenchidas depois com bailes, muitos discursos e... marchas, cidade acima e cidade abaixo. A dormida, providenciada quase sempre altas horas da noite, por requisição do prefeito, às vezes intempestiva, de colchões. A comida, esmolada aqui ou além, às vezes pantagruelicamente abundante, às vezes nenhuma.

Voltando para casa, pouca coisa de escotismo se havia feito. Como recordações na cidade visitada ficavam as pragas dos que haviam cedido um local ou emprestado alguma coisa.

Esta maneira de fazer atividades poderá ser classificada como pic-nic, colônia disto ou daquilo. Menos escotismo.

Vamos ver como um chefe criterioso faz as suas atividades: Concluindo, em primeiro lugar, qual o principal objetivo de atingir; estudo, repouso ou uma e outra coisa, procede com os escoteiros como se tratasse de uma grande família que desejasse fazer um passeio, gozar o prazer de um repouso junto à natureza, descansar e aprender alguma coisa. Dentro dos limites das suas possibilidades cujos recursos locais, postos à disposição pelo governo ou por particulares, escolherem o lugar, chegar ate lá, fazer as atividades e voltar com a menor encenação possível. Pedindo raramente e nunca incomodando ninguém. De preferência utilizar-se dos meios aos quais todo e qualquer cidadão tem direito.

Lembrar sempre que é uma ilusão julgar que os passeios distantes e caros sejam os melhores. Quando uma atividade é presidida por um espírito de fraternal alegria e cada incidente seja motivo para estudo e comparações; o trabalho e o divertimento sejam repartidos com equidade e cada um volte para casa tendo feito um pouco daquilo que gosta de fazer, então não tem a menor importância que a atividade tenha sido realizada em Poços de Caldas ou num arrabalde da Penha.

Se o chefe, só analisar a parte do programa que tem por título: "possibilidades", concluir que não dispõe de alguns milhares de cruzeiros para ir a Poços deverá ir à Penha, com alguns centavos. Se não dispuser nem dos centavos, indo ao jardim da cidade talvez encontre algum assunto para fazer uma ótima atividade.

Outro motivo poderoso influencia para que o chefe escolha, durante os primeiros tempos, lugares pertos e fáceis. É que a inexperiência deverá ser vencida gradualmente para que eles, sobrepujando sempre e bem todas as dificuldades, não descaiam para o hábito de desanimar pela quantidade ou natureza dos empecilhos. Nunca é demais repetir que o campo é uma escola para a vida prática, e se o chefe permitir que eles relaxem na solução dos seus problemas, estará totalmente arruinada a finalidade primordial do movimento.

Todos os passos e todos os detalhes deverão ser solucionados com perfeição, para que cada escoteiro adquira o hábito de safar-se das enrascadas com resultado ótimo e cabeça erguida. Aquele que em criança se habituar a pular muros sem autorização do dono, raramente será mais tarde um homem de bem.

O MÓVEL PRINCIPAL

Muito se tem escrito, no escotismo, sobre quase todos os seus aspectos. Empilha-se o papel, às resmas, para rodear uma conclusão cuja finalidade é uma só, mas que como quase todas as verdades neste mundo, admitem múltiplos caminhos para chegar até ela. E sendo ímpar, a opinião entre os homens, escoa-se os anos, os lustros e os decênios, no consumo inútil de energias para saber se deve ser redondo ou oval um distintivo...

Embora super-estatuído já esteja o nosso movimento, rasgam-se os "velhos" estatutos. Projetam-se estatutos. Redigem-se os "novos" estatutos, num círculo vicioso, tal - qual a canção do elefante que incomoda muita gente. E muito "clarividente" entende por "velho" estatuto todo aquele que tenha uma semana ou pouco mais.

Neste ir e voltar olha-se o fogo e se esquece o melado, isto é, o tempo e as energias são absorvidos em resolver como se deveria fazer a coisa, esquecendo-se a gente até de fazê-la.

Assim, pouco se tem dito e, entretanto, muito se deveria dizer acerca do escotismo encarado do ponto de vista da criança que o vai praticar.

Bisonho, quase sempre, entra o menino para o movimento. Para ele, aquilo é um mundo novo. Por mais que se esforce não consegue entender, no primeiro dia, o que significa aquela história toda: Ora se joga, ora se canta. Depois se reúnem em volta do "museu" para ver uma pedra de nome complicado. Qual (pensa ele) nunca irá conseguir guardar o nome daquela pedra. Em seguida separam-se todos os grupos, e cada grupinho tem um moleque mais sabido (também na sua opinião), que começa a falar como gente grande: "Nós precisamos fazer isto, nós precisamos fazer aquilo..." E o novato começa a matutar: "quanto será que se paga para ser um daqueles que mandam nos outros ?". Mas não lhe dão tempo de terminar o pensamento e já tem um giz na mão, com um convite para desenhar a bandeira ou um pássaro que conhece.

E o chefe? Ah! o chefe aparece-lhe sempre à memória com a auréola de um santo. Se o chefe disse, ele é capaz de jurar.

À criança abre-se, desta forma, um mundo inteiramente novo. Pela primeira vez na vida alguém lhe fala num tom camarada. Tem oportunidade de sentar-se com outros, em volta de uma mesa, para discutir assuntos sérios: "Qual seria a medida adequada a adotar se em uma praia alguém perdesse os sentidos por estar muito tempo debaixo d'água?" - "Como se deve fazer para ir a Campinas?" - "Por que se deve dormir com as janelas abertas?", e por aí afora.

Verifica a criança, pouco a pouco, que naquele meio ela tem ocasiões e o direito de dar a sua opinião, de fazer as suas observações e, quando alguém lhe diz que uma coisa está errada, não é ameaçada de chinelo ou com o risco de perder a sobremesa. Daí por diante, torna-se possuída de um entusiasmo sempre crescente, que os anos, em vez de amenizar, aumentam sempre, pelos novos horizontes que se abrem a cada passo.

Aí principia a responsabilidade do chefe. Tal qual o depositário de um vasto tesouro, ele deverá saber orientar aquele entusiasmo, apontando objetivos honestos e aspirações elevadas, para que não haja nenhum arrefecimento, nem um desvio desse grande potencial que poderíamos chamar de fé, ideal e força de vontade. Às vezes o chefe deve despertar o entusiasmo, numa criança tristonha e de pouca iniciativa. Faz, então, o papel de incendiário. Outras vezes, diante de excessos e desperdícios de energias em empresas que não o justifiquem, deve refrear esse entusiasmo. Faz desta vez, o papel de bombeiro. Bombeiro ou incendiário, a sua missão é tal - qual a do piloto de um navio veleiro: quando não tem vento deve procurá-lo. vindo um temporal, esquivar-se e dominá-lo, para que, obtendo uma média razoável, leve ao porto de destino e em tempo, o barco sob o seu comando.

É dever de um chefe, pois sopesar constantemente a dose e a maneira de ministrar à criança o sentimento do culto do dever, necessário para estabelecer um alicerce simples, mas seguro para o futuro cidadão, sem esquecer nunca que está lidando com uma criança, com todas as características, boas ou más, próprias da sua idade. Lembrar sempre que nunca é demais para um indivíduo chegar à conclusão de que na vida podem se fazer as coisas, de duas maneiras: da maneira certa e da maneira errada, e o escotismo é exatamente destinado a ocupar as horas da criança para o treino das coisas certas.

Mais tarde deverá o escoteiro estar preparado para empregar bem o seu tempo, tanto nas horas de trabalho como nas horas de estudo ou nos momentos de lazer. Se alguém quiser saber o valor material de um homem, deverá perguntar o que ele faz quando trabalho. Se desejar, porém, avaliar o seu valor moral, deverá saber o que ele faz quando não trabalha.

Em conclusão, o chefe esforçar-se-á por conduzir as atividades de tal forma que cada indivíduo do seu grupo possa colher, passado certo tempo, os frutos dos seus ensinamentos. O sucesso na vida de cada um indicará o quanto ele se aproximou da finalidade desejada pelo movimento.

Se o mestre, na escola, perguntar admirado ao aluno: Onde aprendeste isto? E ele responder: No escotismo.

Se um superior, entusiasmado com as qualidades invulgarmente boas do seu operário indagar: Como sabes tantas coisas? resposta: Aprendi-as no escotismo.

Se uma pessoa disser ao seu amigo: Rapaz admirável o teu filho, modesto, trabalhador, idealista, estudioso e bom ao mesmo tempo. E for a resposta do pai: Sim, ele foi escoteiro.

Então o escotismo terá cumprido com sua finalidade, e os homens que empregaram dinheiro, tempo e boas vontades para amparar o movimento estarão de parabéns, pois os seus esforços não foram em vão. Realmente, nunca devemos esquecer que a nossa primordial finalidade é ajudar a cada um cumprir como o seu dever. Não dificultar a sua tarefa na vida.

COOPERAÇÃO

No escotismo, noventa por cento do trabalho realizado pelos seus responsáveis é aplicado em alimentar o fogo improfícuo das divergências pessoais. Organizam-se pequenos grupos, que embora constituídos por pessoas de bons princípios e imbuídos do mesmo ideal, combatem-se entre si, sob a alegação infantil de que "os outros estão errados". Esses "outros" pensam da mesma maneira, continuando a campanha surda do inútil desgaste de energias preciosas.

A experiência prova que, toda vez que duas ou mais pessoas que pretendem a mesma coisa, mas divergem da forma de consegui-la se reúnem para discutir com sinceridade, empregando uma razoável dose de boa vontade para a solução do problema comum, chegam à conclusão de duas verdades básicas: Em primeiro lugar se verifica que os pontos de vista não eram tão desiguais como pareciam a princípio. Em segundo lugar, que existe uma fórmula para a solução de qualquer pendência.

A maneira prática para colher-se bons resultados em situações de controvérsia é colocar-se cada contendor na posição do seu adversário, procurando compreender o motivo pelo qual age ele daquela maneira. Chega-se, por esta forma, a um resultado muitas vezes surpreendente: Que, em igualdade de condições, agiríamos exatamente da mesma maneira que nós, a princípio, havíamos certamente criticado...

Quase sempre dá melhores resultados analisar e procurar remover as causas do que criticar os efeitos.

É verdade, por outro lado, que um excessivo zelo em concordar com tudo e procurar "nunca" molestar ninguém, leva uma pessoa ao hábito pouco dignificante da bajulação e da servilidade, qualidades que se calham muito bem a um "maitre d'hotel", pouco em um homem de caráter independente. Existe um livro, muito volumoso e muito lido, que ensina mil e uma maneiras da arte de agradar aos outros. A par de muita coisa interessante, o seu todo não é a forma que um homem deve escolher para o seu procedimento. Lendo-o, não se pode esquecer que ele foi feito por um vendedor e para vendedores, qualidades que embora se ajustando a uma profissão – honrosa, aliás, não pode servir de modelo para todos.

O certo é que se proceda sempre com o mais puro cavalheirismo, dando a tudo e a todos o seu justo valor, quer esteja ele com os nossos amigos ou com os nossos inimigos. Quando formos perguntados ou quando nos competir dar a nossa opinião, porém, sejamos inteiramente francos, pois nenhuma pessoa inteligente se dói por ouvir uma verdade, embora ela lhe seja contrária.

Todavia, se uma coisa puder ser feita desta ou daquela maneira, sem prejuízo sério para o seu bom resultado, não se deve alongar discussão ou manter polêmica, que por si só, já é uma mal maior.

Os grandes objetivos; as grandes causas; os empreendimentos de ampla envergadura são os que demandam maior coragem, força de vontade e solidariedade dos que tem sobre os seus ombros a tarefa de levá-los a bom termo.

Não esquecer que quando se deseja vencer um inimigo procura-se dividir-lhe as forças. O mesmo se faz com um problema a resolver. Assim, se não quisermos ser vendidos precisamos manter a coesão, necessária e indispensável para permanecer forte e inquebrantável o conjunto.

Todos conhecem a história do pai moribundo, que chamando os filhos pediu sucessivamente a cada um que quebrasse um feixe de varas. Não tendo sido conseguido, pediu-lhes que experimentassem, quebrando as varas uma por vez. Assim fazendo, foi o feixe inteiramente partido com toda a facilidade. "Vede – disse-lhes o pai – que se vós separardes sereis facilmente vencidos. Unidos, permanecereis sempre capazes e fortes".

A cooperação não é apenas um meio de viver de uma maneira alegre e satisfatória. É o único meio de obter no terreno de qualquer atividade, o maior rendimento do esforço empregado.

Baden Powell sugere levar-se em consideração que qualquer pessoa, por pior que seja, tem sempre pelo menos cinco por cento de boa. O valor de quem deseja construir alguma coisa está, precisamente, em explorar estes cinco por cento, procurando aumentá-los.

Devemos, de preferência, compreender e propalar as qualidades boas dos que nos cercam, ao invés de descobrir defeitos que, não raras vezes, são obra da nossa imaginação.

A IMPORTÂNCIA DO MOVIMENTO

Desta vez vou contar-vos um caso que, nas suas linhas gerais é absolutamente verdadeiro: Estamos há uns dez anos. Imaginemos uma cena que se passa num soberbo escritório de uma das grandes capitais do país. O assunto deve ser de relevante importância, pois sobre uma longa mesa acham-se cuidadosamente distribuídos documentos de grade importância: mapas; trechos de discurso com passagens sublinhadas em vermelho; correspondências particulares, etc. além de alguns livros repolhudos, com certas páginas marcadas com fitas de cores diversas. Nas paredes foram pendurados quadros estatísticos, com traços que sobem e descem. Ao fundo, mas em lugar visível, improvisado um écran sobre o qual, com certeza, alguém pretende projetar trechos de alguns filmes para justificar alguma opinião. Na mesa, num determinado lugar, uma jarra com água e um copo. Necessariamente, ali irá sentar-se aquele que pretende convencer os outros. Em frente de cada um dos demais lugares há cinzeiros. Nestes lugares vão sentar-se os que devem ser convencidos. E...

Ah! Agora já começam a chegar os personagens. São conhecidos industriais, técnicos, banqueiros, etc. O ambiente é comunicativo, mas pelos assuntos variados das palestras esparsas nada se pode avaliar daquilo que será tratado. Assumida a presidência da importante reunião, foram os lugares ocupados com precisão matemática.

Quando iam ser pronunciadas as primeiras palavras, pelas quais poderia se deduzido o móvel do conclave, foram cerradas as portas, abafando-se as palavras do orador, exatamente quando terminava de dizer: "Meus senhores!".

O que se tratou foi impossível saber. Os resultados, porém, foram trazendo alguma luz sobre o assunto. Emissários foram enviados em avião para o exterior, indo e vindo técnicos de toda a natureza. Passado quase um ano, aclarou-se de todo o caso. Tratava-se da instalação de uma usina no País de proporções até então desconhecidas em nossos meios industriais. As razões técnicas de economia imobiliária indicaram a sua localização em lugar afastado. As razões de eficiência e mão de obra exigiam que fosse implantada o mais próximo possível de outros centros industriais e densidade de população elevada. Estabelecida a média, foi escolhida uma pequena vila, quase perdida na carta geográfica.

Desde então. o insignificante lugarejo, que não via aumentada sequer uma arroba de milho na sua produção desde os tempos do império, sentiu-se despertado da sua opilada apatia e sacudido até a raiz, nos seus alicerces rendilhados pela saúva.

Tudo entrou em desusada ebulição e, em poucos meses, uma vastíssima área começou a apresentar colunas de concreto que brotavam como cogumelos e cresciam como jequitibás. Fizeram-se estradas, aterros, pontes e drenagens. construíram casas, oficina e escolas. Por conta própria apareceram as pensões, os chalés de bicho, as agências de terrenos e os campos de futebol.

E afluía gente e mais gente.

Quando as primeiras máquinas começaram a girar, já o burburinho era de cidade madura, fazendo os matutos desconfiados da terra não despregar os olhos esbugalhados que pousavam ora nos seus cinco pés de mandioca, ora na mulher e ora nos magotes de trabalhadores que iam e vinham pelas ruas empoeiradas.

Assim nasceu um grande parque industrial. Os seus dirigentes, homens experimentados, não esqueceram nada, sendo intenso o seu afã. Problemas técnicos, financeiros ou governamentais. Mão de obra, transportes, combustível. Energia elétrica ou aducção de águas, tudo devia ser resolvido com precisão micrométrica e sem delongas.

E tudo rodou às mil maravilhas.

Escoaram-se os anos e a melhor prova que tudo estivesse de bem a melhor é que os capitalistas estavam satisfeitos. O governo estava satisfeito, os técnicos estavam satisfeitos.

Alguém, porém, na sua direção, ainda não está satisfeito. Observava e pensava. Homem habituado a enxergar longe no horizonte, fazia como o sheik no deserto, que levanta o queixo afilado para o ar, procurando estudar o simun antes que ele desenhe na linha onde a areia se junta com o céu. Conhecedor profundo do fator máquina e do fator homem, sabia ele que para que uma engrenagem funcione e produza o rendimento que dela se espera, não basta que tenha sido bem desenhada, frisada com todos os recursos da técnica moderna, montada por hábil mecânico e que seja utilizada por mãos competentes. É preciso que as mãos competentes que a vão manobrar, pertençam a um operário que se esforce e possa pensar no seu serviço. É preciso que esse operário tenha o que comer naquele dia, tenha lugar seguro onde dormir naquela noite e que sua esposa e seus filhos tenham a proteção de um ambiente moral sadio. Um salário adequado proporciona as primeiras condições, mas a última...

Com o dinheiro e a vontade rasga-se o chão. Elevam-se os muros das casas, drena-se o terreno, revestem-se as estradas, mas não se improvisa uma organização social, fator decisivo no sucesso e rendimento do trabalho. Um operário de paixões extravagantes e moral em declive pode ser um especialista no seu ramo, mas nunca será um indivíduo que traga proveitos com o seu trabalho. Por outro lado, um operário, embora medíocre de início, são de costumes e aspirações honestas e elevadas, sempre foi o esteio das grandes empresas.

E o problema social surgiu, assim, na cidade que brotou de uma hora para a outra da vila pacata e atrasada. A massa geral da nova população não teve o acrisolamento suficiente do tempo para dar-lhe forma, nem um intercâmbio de interesses recíprocos de vida familiar, tão necessário para instalar uma coletividade de feição própria.

Do atropelo e do choque de interesses em campo – extra muros do parque industrial – a sociedade não evoluiu por sedimentação nem por justaposição celular. Aglomerou-se e formaram núcleos mais ou menos compactos, resultando uma colcha de retalhos sem características definidas, com o perigo conseqüente de formar quistos duvidosos.

Este problema social, em nossa terra, é uma novidade. A unidade de religião e de costumes em porcentagem bastante elevada que temos no Brasil, é produto da sua evolução lenta na orla do Atlântico, de onde foi possível manter um contato mais ou menos constante com o velho mundo. O pouco de discrepância que temos é de importação recente. Por outro lado, foi este um problema comum em um país que hoje merecidamente disputa a primazia entre as maiores nações da terra. Ali, a riqueza fácil que aflorava à superfície do solo, atraia repentinamente massas de gente que afluíam e se localizavam com a rapidez de um relâmpago. Depois, isoladas pelas distâncias e ausência de meios de comunicação, ficavam segregadas do mundo. Passados anos, algumas apareciam no mapa como a cidade mais rica e promissora que se poderia imaginar. Outras, definhavam, tornavam a emigrar ou pereciam. Em muitas delas, por conseqüência, o direito, a cultura e a religião, assumiam formas sui-generis, quase sempre improvisadas.

Sob este aspecto evoluía a nossa cidadezinha.

Forçoso se tornava, portanto, encontrar uma fórmula que viesse trazer um corretivo para os males em perspectiva naquela cidade amorfa, produto do atropelo sob o qual foi preciso improvisar uma coisa que, para ser normal, deveria ter levado gerações.

Mas, que providência seria capaz de proporcionar aquele elo milagroso, necessário e suficiente para dar à nova cidade um cunho de homogeneidade de pensamento e nobreza de aspirações? Como assegurar uma ausência pelo menos rudimentar dos principais efeitos sociais: egoísmo, indisciplina, falta de responsabilidade e vontade de cooperar?

A questão se afigurava insolúvel, cada vez que se pensava em aplicar uma das soluções rotineiras: Violência, Restrição de liberdade, Severidade exagerada para os contraventores, etc.

Quando perguntaram a Newton como havia ele descoberto a teoria da gravitação universal, respondeu: "Pensando nisso". Assim aquele dirigente atilado, zelando por todos os problemas que diziam a respeito da eficiência e estabilidade duradoura da sua indústria, encontrou a solução milagrosa: O escotismo. Realmente, uma organização que obtém a cooperação pela boa vontade. A honestidade por princípio e a dedicação ao trabalho como norma de vida, não podia deixar de ser a fórmula desejada.

O escotismo, incutindo um sistema de vida que visa o bem estar de cada um, traz como resultado a coesão coletiva, o amor às causas nobres e toda uma messe de consequências salutares para o indivíduo, para a família e para a sociedade. E não se pode dizer que a sua influência benéfica pare no menino que o pratica. Ela se estende aos pais e aos seus superiores, formando um ambiente propício ao desenvolvimento da confiança e do trabalho.

Assim, estabelecido o plano, foi ele posto em prática. Sem estardalhaço. Sem precipitações nem atropelos. Foi o movimento iniciado com bases sólidas, confiado a pessoas capazes e de idoneidade moral irreprovável e que souberam, desde os primeiros passos, avaliar a tarefa ingente, mas de nobreza que lhes fora confiada: Estaquear uma nova sociedade; dar-lhe forma e ambições elevadas, trazendo um sorriso para cada lábio, um pensamento honesto para cada inteligência e um ideal puro para cada coração.

QUIXOTISMO

Vocês já ouviram falar em Dom Miguel de Cervantes Saavedra? Pois desta vez, para fazer propício o ambiente, vamos pensar em vinhedos ensolarados, picadeiros e touros bravos, mantilhas e castanholas. - Já sei que alguém vai perguntar: "Mas, que tem a ver Cervantes com o escotismo?". E quase todos seriam levados a responder: Nada.

Seria melhor dizer: Quase nada, e é exatamente sobre "quase" que eu vou falar a vocês. Vejamos, primeiramente, qual o aspecto da obra daquele grande escritor espanhol que poderia dizer respeito a nós, escoteiros. - Seria Cervantes, o clássico, que marcou a era da estabilização da língua de Castella? Não – Seria como Cervantes, o aventureiro, que correu palácios e prisões, como visita e como hóspede? Não. - E a sua vida de soldado ora mercenário, ora idealista, corajoso até ao heroísmo? Também não. - E o estilo das suas narrações, que empolgou a tantos como o provam as dezenas de edições da sua obra, nas principais línguas faladas em quase todo o mundo? Ainda desta vez, não.

O que o celebrizou, como um relâmpago, e o tornou escritor respeitado mesmo em seus dias, foi sua extraordinária coragem de enfrentar um mal que assolava o mundo e, com certa predileção, se enquistara em sua terra. Vamos voltar quase quinhentos anos atrás e espiar por um momento o cenário que teve ele para agir de tal forma.

Ainda viviam muitos doş tripulantes que ajudaram a descobrir o Brasil e já Cervantes perambulava da seca a meca a ver como disporia a sua vida. Depois de saltar de cidade em cidade, na sua terra, foi camareiro em

Roma, encarregado de papelórios do governo e soldado a bordo de galeras guerreiras que, como quase todas naquela época, faziam-se ao largo para as mais estranhas aventuras: Quando descobriam algum pedaço que não fora ainda pisado pela bota destruidora – digo – civilizadora do branco, passavam com louros à história. Quando não, biscateavam em pilhar e abordar, arribando em praias mal guarnecidas ou chocando o seu cavername contra outras galeras que lhes faziam concorrência. Açoitavam-se uns aos outros, os seus tripulantes, com as armas daquele tempo. Cada qual procurava riscar o peito ao outro, o mais que pudesse, trombeteavam o trabuco e o bacamarte. E muitas dessas páginas, que não passaram de atos comuns de pilhagem – muitas vezes contando com o beneplácito de reis gananciosos – receberam o nome pomposo de batalha disto ou daquilo.

Tendo visto e ouvido, sofrido e lutado, analisando as causas do ponto de vista de um observador arguto, via Cervantes a vida quase de palanque – Era mania da época uma reminiscência muito vulgarizada e desvirtuada dos feitos heróicos e quase santificados dos cavaleiros andantes da Idade Média, que encontravam imitadores medíocres em cada desocupado e constituía o tema total da literatura mais lida. Uma verdadeira praga, contra a qual se quebrava impotente a pena das sanções governamentais ou tinha de curvar-se inúteis a palavra de "basta" proferida nos púlpitos.

Conhecedor da psicologia humana, Cervantes não atacou o mal pela frente, pois sabia a resistência que iria encontrar na opinião enraizada no povo, que em vez de procurar solução para os seus problemas – que então eram muitos – contentava-se em reviver os feitos de outrem. Atacando esse mal, que obstruía o espírito da época, o fez com a própria arma do adversário a vencer: escreveu um livro de cavalarias...

O estranho foi que fez de tal maneira, encerrou-se com ele toda a série de livros dessa natureza.

Para tanto, engendrou Cervantes ao celebre "El Ingenioso Hidalgo Don Quijote de La Mancha". Descreveu-o como tendo magro o corpo, magra a fazenda e magro o juízo, se lhe pondo uma cabeça torna-se um cavaleiro andante. E, como diz o autor, "del poco dormir y del mucho leer se le secó el cerebro de manera que vino a perder el juicio". Liquidando os haveres, tomou o seu rechonchudo capataz Sancho Pança como escudeiro e cavalgando o seu esquelético cavalo Rocinante, botou-se mundo afora a comprar quanta briga pudesse, para ganhar fama e batalhas. Armou-se D. Quixote, com um certo número de ferragens antigas, sendo que algumas haviam sido armas e outras o faziam de conta que o fossem. Grotesco e rompante via em cada vulto um inimigo, em cada gesto um desafio e em cada briga uma batalha. A uma bacia de barbeiro dava o nome ao elmo de aço luzidio e a uma humilde empregada de estalagem chamava-lhe "excelsa princesa de um dourado castelo". Nas oitocentas páginas que dedica Cervantes para descrever o seu herói, mete-o ele em tantas de fazer água na boca a muito alienista profissional. A quantos pega distraído, aplica-lhes D. Quixote de rijo a espada, mas o saldo das boas tundas leva-os quase sempre o próprio couro, que já pela metade do livro não tem mais lugar que não tenha provado a sua.

O resultado desta obra de Cervantes foi surpreendente: deu um suspiro a cada moça enlevada com o seu cavaleiro e um momento de reflexão a cada marmanjo que fintava de herói, trazendo todos ao ponto preferível da realidade.

Cervantes prestou à humanidade, portanto, um relevante serviço, ridicularizando uma prática que embora tenha sido iniciada com tão elevadas finalidades, passou a ser um pretexto para as mais extravagantes doidices de uma verdadeira multidão de espíritos amalucados. É certo que revivendo hoje, ele prestaria mais uma vez inestimável contribuição, se conseguisse ridicularizar os D. Quixotes hodiernos que embora sejam portadores do título de sábios trabalham sadicamente em seus laboratórios e, toda vez que não conseguem preparar meia dúzia de engenhos de destruição, promovem uma guerra para experimentá-los no lombo do próximo.

No escotismo, infelizmente, encontramos algumas vezes um D. Quixote extraviado. Raramente por maldade, mas quase sempre por desconhecimento da causa, vemos alguém que faz tantas e quantas que não nos podemos furtar de ligar a ele a idéia do personagem descrito por Cervantes.

Saibam vocês, pois, futuros chefes e responsáveis pelo bom desempenho do escotismo, guardar as devidas proporções na utilização do seu espírito inofensivo, para não descambar nunca para o grotesco, nem afastar-se em demasia das normas comuns à sociedade.

Alguém irá ponderar que nenhum dos que estão praticando seja doido ou coisa parecida. Caberia responder que também o que tinha D. Quixote não era propriamente loucura. Melhor poderia chamar-se obsessão enraizada, que lhe ocupara inteiro o espaço na caixa do pensamento. Este é um desagradável resultado que frequentemente colhe a quantos não tenham o hábito salutar de dividir as atividades do seu cérebro de tal maneira que exista de reserva, sempre pelo menos dez por cento da sua faculdade de pensar, destinada a vigiar o que os oitenta e cinco por cento estão fazendo. A quem perguntar pelos restantes cinco por cento, seria bom responder que, ainda assim, deveriam ficar reservados para tomar conta dos dez primeiros!

Que nunca se confunda, por isso, o nosso movimento com um saudosismo piegas da epopéia dos cavaleiros andantes, que aplicado em nossos dias seria anacrônico. Deles o escotismo aproveita apenas o espírito de nobreza que os alimentava, adaptado aos meios modernos para a solução das atuais deficiências da civilização.

Esta advertência esta longe de se referir às finalidades ou à prática do escotismo tal qual ele foi ideado e se acha aplicado acertadamente. Destina-se apenas a prevenir desvirtuamentos ou impedir abusos que, neste sentido, levar-nos-ía não raras vezes ao desagradável terreno do ridículo.

DIREITOS E DEVERES

A confusão que reina no terreno da disciplina exigida dos escoteiros necessita ser encarada de vez.

A interpretação sobre esse delicado assunto tem ficado a mercê do juízo individual de cada chefe. Por conseqüência, quando este é ponderado, as decisões relativas ao quanto, quando e como se possa exigir de um rapaz confiado ao movimento para educá-lo não sofre choques apreciáveis. Às vezes, contudo, uma decisão desta natureza acha-se na dependência da secreção biliar do chefe, do estado das suas lonas de freio e do seu índice de fogosidade. E quando um destes elementos falharem... pode temer-se um disparate. Para ilustrar vou relatar um ligeiro episódio que, mau grado o tempo decorrido, se não me afasta da retina.

Pela ladeira mais íngreme da nossa cidade subia, certa vez, um grupo de escoteiros. Vinham de longe, marchando. Era um grupo sadio e luzido, com rapazes de dez a quatorze anos. Muitos eram de compleição robusta, mas havia-os também dos que tinham ainda os ossinhos muito mal chumbados. (Devo explicar que sei contar este caso muito bem porque eu estava entre o grupo) O chefe era um bom moço. Muito bom, mesmo, não tivera, contudo, quem lhe dissesse meia dúzia de palavras explicando o que fosse realmente escotismo. Não teria tido, por outro lado, tempo ainda de descobri-las por si próprio. A marcha, ladeira acima, desintegrou-se por completo, pois do contrário seria pretender que físicos infantis tivessem fôlego de atleta maduro. Para dar uma ordem adequada, naquelas condições, não era preciso conhecer toda a história de aurículos e ventrículos; diferenças de pressão; esforço conjugado; movimentos compostos, progressivos e ascendentes, etc.etc. Teria bastado usar um pouco a cachola do raciocínio. A ordem de "sem cadência" não veio e quase todos a tomaram por sua própria conta. Aí o nosso querido chefe cometeu o seu primeiro deslize: Berrou que se continuasse à marcha, o que foi feito por alguns metros mais. Quando um franguinho de mil e quinhentos tornou a "amolecer" o chefe cometeu o seu segundo deslize: Desceu o "caniço" nas costas do rapaz. O caniço era uma bengalinha que os chefes usavam naquele tempo, pois não tendo qualidades outras para diferenciá-los dos demais, precisavam de algum instrumento para fazer saber a todos quem era que podia berrar e quais eram os que deviam ouvir os berros. Por sorte daquele escoteiro que não agüentava a marcha, a moda não era peroba ou guatambu de polegada ou mais. Era apenas um sarrafinho envernizado, que ao primeiro choque voou em pedaços...

Mas o que fez brotar uma lágrima nos olhinhos assustados do garoto não foi o choque, foi o gesto. Felizmente sobreveio a razão e tudo se acomodou da melhor maneira possível.

Outro assunto bastante delicado, que leva muito chefe a decidir errado, é quando se entra no terreno da obrigatoriedade ao comparecimento. Se o escotismo é destinado a ensinar cada um a cumprir com os seus deveres, quando um rapaz disser que não poderá vir ou não pode vir por obediência a uma determinação dos pais, obrigação escolar ou de ofício, então tudo estará perfeitamente correto.

Um bom sistema para um chefe que deseja ter um grupo por muitos anos é nunca falar que "é obrigado vir". Também não deverá dar muita ênfase ao interrogatório quando alguém tenha faltado, cingindo-se apenas a uma pergunta protocolar, se quiser, para inteirar-se do motivo geral da falta. Deverá, outrossim, tornar as atividades tão úteis e encantadoras que ninguém que possa, irá ter menos idéia de faltar.

O chefe que – para fazê-lo escoteiro – forçar um rapaz a fugir das suas obrigações estará fazendo um papel idêntico ao de um pregador que dissesse a um cristão que, para ir ao céu deveria encaminhar-se para o inferno.

Fez parte do meu grupo de escoteiros, durante muitos anos, um rapaz cujo pai possuía um botequim. Esse rapaz – e mais alguns irmãos – precisavam ficar servindo sorvetes aos fregueses desde a madrugada até altas horas da noite, todos os dias da semana e mais o domingo. Nunca vi em minha vida uma feição humana irradiar tanta alegria como quando lhe respondi que podia ser escoteiro.

"Mas eu posso ser escoteiro?" Pergunta como se não acreditasse. "Eu trabalho todos os dias. Eu trabalho também nos domingos...".

Pode sim. É claro que pode. Quem é que não pode ser escoteiro, desejando-o sinceramente? Olhe, você compre um Guia do Escoteiro. Faça um uniforme com vagar e quando você tiver uma folga qualquer venha a uma reunião ou vai conosco para o campo.

Poucos rapazes aproveitaram melhor os ensinamentos do movimento do que ele e quando pilhava uma folga era o melhor do campo. Precisava apenas muito cuidado para que, indo ou vindo de uma atividade, ninguém lhes oferecesse um sorvete. Ficava danado

Quem mais do que este rapaz precisava do escotismo? Não teria sido para casos como este e milhares de outros semelhantes que teria sido o nosso movimento ideado?

Quem desejar fazer bom escotismo, pois, deverá ter um olho sempre nos regulamentos. Mas o outro, grudá-lo firme no regulamento que jamais mão humana poderá escrevê-lo, por ser perfeito demais: o bom senso.

R
T
Y
G
H
B

SISTEMAS DE EDUCAÇÃO

Educação, no escotismo, se dá e se adquire quase exclusivamente pelo convívio, pelo exemplo e pelas observações oportunas.

Pouco uso se faz do sistema de dar conselhos em tese, com voz cava e grossa e o clássico indicador levantado. O processo é muito idêntico ao da vida em família, onde ninguém é chamado ao banco dos réus nem recebe elogios por tabela. A primeira medida é substituída por conselhos em hora e local apropriados e os segundos, por uma simples palmadinha no ombro, seguida de um modelo mais sincero "muito bem".

Ao lavrador, para obter melancias em sua horta, de pouca valia será o melhor compêndio sobre agricultura. Deverá procurar, em outra parte, a sementinha milagrosa que irá povoar os seus campos com a desejada cucurbitácea.

Quem deseja o escotismo deverá, também, sempre que possível, lançar mão de alguém que já tenha sentido sobre o rosto o sol de uma tarde de verão e a brisa de uma manhã primaveril; partilhado dos trabalhos e das alegrias de uma excursão ou acampamento; encontrado e solvido os problemas que surgem no campo e na floresta, que constituem os espinhos e a sedução do nosso movimento.

Quem não se recorda, sem emoção, do cheiro acre do azoto da fumaça evolando do "fogo do conselho", cheio de mistério e de poesia? Ou da sua barraca de escoteiro, à noite, maravilhado com a miríade de estrelas penduradas no negro-azul do firmamento, enquanto o espírito de astro em astro, sentindo a gente estar, pelo menos por um momento, um pouquinho mais perto de Deus? Da plantinha exótica que descobriu na gruta úmida; a pedrinha reluzente que encontrou na montanha; o inseto esquisito que veio pousar sobre a barraca; a neblina da tarde, furada pelos dardos de luz do sol, coados através dos buracos na ramagem; a água gelada e pura da fonte, ou milhares de outros pequeninos detalhes difíceis de descrever, mas que nos deixam eterna saudade profunda.

Eis a semente milagrosa. Eis o segredo de uma causa que é impossível transmitir por correspondência.

O que é ou o que não é, pode-se estampar em regulamentos, desdobrar em artigos, parágrafos e alíneas, mas o espírito do escotismo, sua base e seu esteio, só podem ser vividos e transmitidos praticamente.

Mais fácil do que recomendar a vida prática, teria sido ao nosso fundador ter feito um opúsculo ou toda uma biblioteca, trazendo para a tona a sua ou a pedagogia de outrem, citando mestres e pensadores, artífices exímios no pregar a arte de "como se deveria fazer". Obras primas no palavrório, mas que de prático só tem a tiragem das suas edições.

Em vez disso, porém, convidou alguns rapazes conhecidos. Foi com eles para o campo e ali, na maior e mais bem aparelhada sala de estudos do mundo, a floresta, correu, brincou e repartiu os seus conhecimentos.

O escotismo é, por conclusão, eminentemente vivo e eminentemente prático.

OS RESPONSÁVEIS PELO ESCOTISMO

O escotismo nacional acha-se peado por duas correntes distintas: Uma que semeia e outra que colhe confusão. Ambas deveriam ser tratadas como criminosas, pois entravam os trabalhos de tal forma que tornam inúteis ou reduzem à insignificância todo o esforço despendido. Os primeiros erram por terem escolhido mal o seu campo de ação. Melhor seria que se dedicassem a apregoar algum cosmético ou caliciada em qualquer praça publica. Os segundos erram, igualmente, porque se deixam manobrar por quem não tem hombridade para tanto.

A causa principal reside no egoísmo estúpido de quantos têm confundido esta obra de importância nacional com um canto de adega, onde pudesse atulhar as suas cachaças prediletas.

De experiência em experiência, definha a cobaia do nosso tão querido movimento, mantendo-se em muito equilíbrio pelo óleo canforado de algum esforço periódico.

Dentre todos esses messias que surgem como por encanto, raros foram os que tiveram os seus olhos realmente voltados para o nosso movimento. Quase todos sofrem de uma estranha forma de estrabismo de cento e oitenta graus: olham para si mesmos. E continua a arrastar, o Escotismo, a sua perna capenga pela estrada empoeirada, contando apenas com a esperança de encontrar um dia alguém que lhe traga uma muleta salvadora. Quase nenhum ainda se decidiu – e o que seria melhor – trabalhou, com a sincera intenção de "continuar" as obras começadas. De "firmar", o que já existe. De "aperfeiçoar" os serviços já realizados e, mais importante ainda, esforçar-se por não reincidir nos erros do passado. Todos, ou quase todos, só pensam em novidades. Que o que existe pereça. Que o que está errado continue errado. Nada importa. O que lhes importa é mais palha do fogo: Luzeiro. Fantasia. Pouco comove que nada sobre, que não dure nem seja "muito bom escotismo".

Se alguém se deparar com estas linhas, numa outra época, não esquecer que foram escritas no primeiro rolar de 1945. Digo isto porque todo o milagre é possível. Milagre de que um dia – praza aos céus que não esteja longe – os esforços se coordenem no sentido certo e o nosso querido Brasil possa colher os resultados de um bom escotismo.

Mesmo as notícias que nos chegam da corte não são nada animadoras. Ali, os pajés reunidos em torno do índio enfermo chamado Uebê, não conseguiram ainda identificar o espírito maligno com o qual nhangá o feriu. Tampouco chegaram a um acordo quanto á erva que o vai salvar. Depois de ulular em torno à fogueira, brandido os tacapes ao som dos tan-tans, resolveram esperar que ele se levante pelas próprias forças ou... que o venham comer os bichos da floresta.

O panorama desta situação incerta, que tem a idade do próprio escotismo em nossa terra, esmiuçada com as cores vivas da realidade, se destina a trazer a reflexão entre os chefes, os quais sempre repito – são os principais responsáveis pelo movimento.

Quem quer que se tenha dedicado a analisar as causas dos fracassos de tantos empreendimentos no terreno do escotismo, conclui que o motivo foi sempre devido aos seus dirigentes pretender fazer coisa "nova", antes mesmo de experimentar fazer o escotismo tal qual é. Nunca cheguei a entender esta mania estranha.

Quando alguém, entusiasmado pelo jogo de xadrez, se propõe a praticá-lo, aprende as suas regras próprias e a observa fielmente. E não pela cabeça de ninguém dizer que vai jogar, mas quer dispor os peões atrás das outras peças. Ou que "não vão com a cara dos bispos", desejando substituí-los por uma miniatura da... Carmen Miranda, por exemplo. E este respeito às regras se nota em todos os jogos, que são estudados e obedecidos fielmente, porque todos sabem que a beleza não esta numa vírgula aqui ou num detalhe além.

Assim, se o escotismo também é um jogo, como disse Baden Powell, vamos jogá-lo com as suas regras próprias. E aos que nele entrarem nos seja permitido fazer este pedido bastante razoável: Não relaxem com o jogo...

FÉ

No tabuleiro de xadrez da vida se ganha e se perde. Seja cada ano, cada mês ou segundo, estamos colhendo a messe de laboriosa semeadura ou vendo ruir, num relance, todo o esforço, às vezes custoso e longo.

Mas, que pode perder de mais precioso o homem, no torvelinho da vida agitada que leva? Dinheiro, prazeres, conquista ou vitórias?

Não. Não é cada uma destas coisas ou todas elas juntas. O que pode perder de melhor, mais sublime e mais sagrado é Fé.

Essa a perde o homem de duas maneiras: Pelo método ou por conseqüência. Pelo método, quando é levado a negar, depois de exaustivos estudos e pesquisas sempre mal orientados e assentes em bases falsas. Por conseqüência, quando ao sair de uma luta moral ou intelectual mal sucedida, que pode ter levado muitos anos ou apenas algumas horas, chega à conclusão infeliz de que já não crê.

Em nenhum dos casos devemos desprezá-los. A fé é uma graça, é uma recompensa para a vida equilibrada e quem a perde ou não a conheceu é como o que fica repentinamente cego ou não viu a luz em toda a sua vida.

Crer. Crer no que é belo e puro. Crer na satisfação da prática do bem. Crer na sublimidade da luta pelas causas nobres. Crer no resultado do trabalho honesto. Crer na amizade, na sinceridade, na lealdade e, sobretudo, crer que existe algo de bom acima da bondade, de nobre acima da nobreza e de justo acima da justiça.

Deus.

TIPOS DE CHEFES

Estamos nas vésperas do dia em que vocês irão receber os seus certificados do curso. Dentro de pouco tempo, portanto, estarão com o direito de entrar para a grande família dos chefes-escoteiros.

Mas, enquanto esperam a hora desejada, tenho a certeza que me acompanhariam na curiosidade de dar uma olhada na comunidade à qual vocês irão pertencer. Não é preciso muito esforço para chegar à conclusão de que – também na classe de chefes-escoteiros – encontra-se uma escala de qualidades. Vamos classificá-los em grupos para saber em qual deles vocês gostariam de enquadrar-se, admitindo a hipótese de estarem todos reunidos numa grande sala, onde os pudéssemos observar à vontade:

Ali, vemos um que gesticula largo. É o tipo oportunista. Tem certa cultura enciclopédica e é reconhecido em poucos minutos pela habilidade toda especial de não discordar radicalmente de nada. É isto ou aquilo, conforme prometer a maré. Nega sempre a grandeza embora seja esta a sua meta principal.

Ouvindo-o, com a boca entreaberta, está o tipo indeciso. De feição cândida, faz as coisas assim ou assado porque ouviu falar ou suspeita que seja assim que se faça. Podem passar anos sem causar mal algum, mas também corre o risco de, num minuto, fazer mais asneiras do que se possa imaginar.

A um canto, de cabeça baixa e punho semi-enterrado no queixo está o descontente. Esta sempre onde não queria estar. Apesar de parecer que trabalha o que faz é atrapalhar. Tem raiva até da própria sombra e só abre a boca para dizer "não", mesmo que uma pessoa ainda não tenha começado a dizer o que deseja.

Àquele outro poder-se-ia chamar de malabarista, pois salta de associação em associação com uma facilidade e sem cerimônia que assustam. Nunca está firme sobre os dois pés. Equilibra-se sempre num só, pois o outro está na busca constante de novo lugar para assentar. Não é mau, pecando apenas por falta de programa e força de vontade. Ninguém pode contar com ele para coisa muito séria, pois desaparece por entre os dedos como moeda mágica, para surgir depois onde menos se esperava.

Acolá está um tipo que por falta de expressão melhor vamos convencionar chamá-lo de meteorito, porque aparece, brilha e some como por encanto. Enquanto que para vermos um chefe do tipo comum a gente leva anos, vendo-o passar por uma porção de trabalhos, num ciclo lento e progressivo, o tipo meteorito surge bruscamente. Vem já feito e é "dos melhores". Desembaraçado. Age com grande autoridade, fazendo e desfazendo. A história de quase todos eles poderia ser resumida assim: inofensivos a princípio; formidáveis, em seguida, e... um desastre por fim. Tivemo-los de todas as plagas e de todas as nacionalidades. Quase sempre deixam um cheiro de raiva por onde passam.

Aquele que tem a boca seca de tanto explicar as coisas é o tipo estóico. Quer abraçar o mundo com as mãos e os pés. Vive numa maré de preocupação, buscando-as sempre e continuadamente. Produz bons trabalhos para o movimento, mas vive sacrificando a ele, à família, ao estudo e ao trabalho, não sendo isto exatamente o que o escotismo deseja.

Semi-afundado numa poltrona e acompanhando com a cabeça o vôo débil de uma borboletinha está o idealista utópico. Sonha com as coisas sumamente puras e sumamente belas, impossíveis de obter na terra, em vez de contentar-se em consertar o que existe com as ferramentas disponíveis. É ótima pessoa, trazendo contribuições estupendas, mas sofre terrivelmente com as imperfeições da vida, fazendo sofrer também aos que o cercam. Embotadas as armas, torna-se-a misantropo e retraído.

Ah! temos ali, finalmente, o tipo normal. Personifica um cidadão alegre, sincero e operoso. Reto, de visão larga e decidido. É cordato, pois sabe que deve lidar com inúmeros interesses e casos diferentes. Arguto e corajoso, ao mesmo tempo, descobrindo com rapidez a "trilha certa" e enveredando por ela sem hesitações. É hábil, pois sabe atingir os objetivos dentro do programa elaborado ou aproveitando as situações conforme se tenham modificado. É forte, não vergando ao peso do primeiro revez. Honesto para consigo mesmo e para com os seus princípios, nunca pactuando com quem esteja errado, mesmo que seja mais forte do que ele. Quando depara com um caso não estudado, resolve-o sempre por meio do bom senso e fazendo a pergunta: Daqui a dez anos, como gostaria de recordar que procede nessa ocasião.

Escolham, pois, o tipo de chefe que vocês desejarão ser.

HONRAS E MÉRITOS

O escotismo não pretende formar especialistas. Especialistas de campismo, especialistas de pontualidade, aptidões manuais, ciências puras, aplicadas, etc.

O escotismo desenvolve, ajuda e incentiva o gosto e aplicação de todas essas coisas; reconhece que o entusiasmo, o esforço e a vitória de um que sobressaia dentre os demais merece louvor. Encoraja e os premeia. Mas... vejamos um fato: Um chefe, no seu grupo, depois de explicar as grandes vantagens do conhecimento do alfabeto morse e dizer de maneira clara e inteligente em que se baseava e como se utilizava, prometeu que aquele que na próxima reunião o soubesse melhor, teria o direito de usar o "cordão de honra" durante uma semana. Todos rejubilaram, e dois entre eles ficaram com os olhinhos faiscando, com vontade de chegar logo em casa e treinar para ganhar o cordão. Estes dois eram o Walter e o Joãozinho, ambos os melhores do grupo. Na reunião seguinte. pipoqueava o morse em todos os objetos ressonantes que havia na sede. Mesmo depois de o chefe dar início à reunião, apesar da calma que todos procuravam aparentar ainda podia-se perceber os dedos nervosos de muitos que, nos joelhos, procuravam lembrar se o "u" era traço-traço-ponto ou ponto-ponto-traço.

—"Você viu o Walter, que batuta?", comentavam dois à meia voz. "Não tem uma letra que ele não saiba, até salteado...".

— "Mas" - dizia o outro – "por que será que o Joãozinho está tão quieto, não abriu a boca até agora...".

— "Que, rapaz, ele sempre faz assim. Fica sempre quietinho e, na hora agá, é aquele que sabe mais de todos. Você lembra...".

Não deu tempo de lembrar, pois o chefe iniciou a reunião, e justamente com a verificação do Morse, o que provocou delírios de alegria. Foi um sucesso. Todos sabiam o morse direitinho que era uma beleza (menos o Ribeiro, que não tinha vindo da reunião anterior. Estava desculpado). Mas o Walter esteve simplesmente formidável. Foi o único que não cometeu nenhum erro.

— "Até lembrou o chefe, quanto ele não sabia o jóta, você viu?".

— "Sai daí, seu bobo. Não sabia!... é que o chefe tinha engasgado. Você não viu como ele tossiu tanto? - é verdade que passou a tosse quando o Walter disse: Ponto - traço traço-traço...".

O Walter ganhou o cordão. E mereceu. Todos acharam que ele mereceu "bem merecido". E assim acabou a história...

Ah!... o Joãozinho. Eu não queria tocar mais nesse assunto. O Joãozinho foi um "desastre". Decepcionou-me, desta vez. Parece incrível, um rapaz tão esforçado, inteligente e sempre um dos primeiros. Mas desta vez foi um fracasso. Engasgou, não saiu quase nada! Só provocou risadas com os disparates que dizia. Manteve-se muito sério durante o tempo todo. Só quando viu luzir o cordão dourado no peito do seu amigo, ficou com o semblante radiando uma alegria serena e misteriosa. Ficou bastante atrapalhado, quando o chamaram duas vezes, pois não saia do lugar, embevecido, enquanto todos já estavam longe, fazendo coisa bem diferente. O que aconteceu com esse caso do morse foi desagradavelmente estranho.

Foi estranho para todos. Só não foi estranho para o Joãozinho. O caso ser passara assim: Quando fora para casa, no dia em que o chefe ensinara o morse prometera o cordão, o Joãozinho até mesmo na rua já havia começado a treinar, e jurara a si mesmo que havia de conquistar o cordão. Não seria difícil. Nem seria a primeira vez, pois outras, em idênticas condições o fizeram com relativa facilidade. "Tem até um sistema de a gente aprender mais depressa" - pensava entrando em casa - "separando as letras só de pontos das letras..." Qual! Toda a sua boa vontade parou aí. Em casa o aguardava uma terrível surpresa: Sua irmãzinha, única jóia de valor naquela casinha de pobres, delirava em febre. Joãozinho pensava que iria estirar-se na cama e, em vez, teve que correr à farmácia. Três dias e três noites, passou-as Joãozinho que só Deus sabe como. Acordado e correndo. Ora velando, silencioso como uma rocha, para não acordar o minutinho de sono da irmã que, vermelha como um pimentão gemia e chorava. Chorava e gemia. Ora pulava como um gato selvagem, quando o mandavam buscar algum medicamento, só parando a corrida na volta, de onde trazia sempre o que fora desejado. Algum pouco tinha dormido, é verdade, mas com a cabeça tão doída e tão cheia de nomes complicados que o médico dizia... Finalmente numa tarde houve mais alegria em casa. O médico veio e disse que o perigo tinha passado. Como um milagre, pouco depois acordava a irmãzinha. Com o narizinho ainda meio torto do travesseiro, sorriu. Sorriu primeiro com os olhos, depois com os lábios, em seguida com as covinhas das fazes. Tão devagarinho, tão bonito, que pôs um delírio de alegria em todos da casa. Aí a mãe do Joãozinho lembrou que aquele era dia de reunião na sede e que em vista dele ter permanecido tão firme e sido tão bom escoteiro, tinha o direito de distrair-se um pouco. Podia ir à reunião.

O resto nós sabemos. E quando o Cordão de Honra foi colocado no peito do Walter, o que ele viu cintilar não foi o fio de ouro que o recobria, foram os olhinhos meigos e brilhantes da irmãzinha salva. Aquele era o seu cordão de honra, para aquela vez. E não o trocava por nada deste mundo.

Cuidado chefe, portanto, ao manobrar com cordões, honras, pontos e méritos!

AS PROVAS

Se você amanhã chefiar um grupo de escoteiros; organizar os quadros de provas de classes e especialidades; explicar os conhecimentos necessários e, então, ficar aguardando apenas os que desejarem submeter-se a elas: Nunca faça isso.

Se você, incentivando alguém a completar as suas provas, obtiver resposta evasiva, que se repetem durante muito tempo; constatar que esta atitude deriva de inaptidão, falta de vontade ou vício e, daí você disser: "Bem, o escotismo não força ninguém a fazer alguma coisa, faz quem o quer". Não diga isso.

Se passado certo tempo, verificar que a turma inicial ramifica-se depois de alguns meses em três categorias: Os que atingiram facilmente todas as provas. Os que começaram muitas terminaram algumas, mas deixaram a maioria pela metade, e os que pouco ou nada participaram. Se você pensar: "Ora, nem todos neste mundo são iguais, uns vão para frente, outros ficam atrás" - Não pense assim.

Por quê? - Vamos ver o motivo.

É que exatamente nesse assunto provas – está em jogo a mais vigorosa arma, a mais profunda sabedoria, o mais decisivo trunfo do nosso movimento. E você, meu caro chefe, agindo, dizendo e pensando daquela maneira, não está errado... sob o ponto de vista da educação rotineira. Por que você, ou quantos cursaram o colégio, viu que é assim que se faz: Explicam. Soube? Passou. Do contrário fica prá traz ou salta fora. É o regime da seleção. É o sistema de escolher puro sangue no curral.

No escotismo a coisa é algo diferente. A todos é destinado proporcionar alguma coisa de bom e de prático. Sem pretender igualdade de valores, procura colocar cada um no ponto mais elevado que o conjunto dos seus fatores pessoais lhe permita atingir. E as provas! Pergunte a um sábio dos problemas da vida se conseguiria resumir em tão poucas palavras e com argumentos mais simples, os mais importantes fundamentos da lide futura de um homem, que interessa serem encarados desde a primeira idade. Elas constituem o corpo de prova e o termômetro com os quais o raciocínio do chefe avalia a tendência, a capacidade e a vontade de cada um. O curioso é que exatamente onde termina o trabalho do chefe inexperiente, principia o verdadeiro valor do escotismo: Analisar as causas do desinteresse em certas provas; sondar a origem do fracasso; descobrir o motivo de uma estagnação que retarda, dificulta ou impede a um rapaz de aproveitar a vida normal que fruem os seus companheiros.

Às vezes o problema coloca em cheque as qualidades de um chefe. Raras, lhe faz perder a partida, mas, quase sempre, um olhar arguto sobre a natureza das provas por passar, aliado a uma certa dose de raciocínio a dedicação é o bastante para encontrar as causas, aplicar a solução mais adequada e conseguir o objetivo desejado.

Exagerando um pouco, considerar como regra o seguinte: Quando um rapaz passar facilmente uma prova, é sinal de que ele não estava precisando muito dela. Se, ao contrário, mostrar-se inexperiente ou negativo no seu conhecimento, então estará descoberto o seu ponto fraco e o chefe, longe de procurar ignorar o fato deverá analisar o caso em todos os seus detalhes e encontrar um meio que o leve ao entusiasmo e à assimilação de boa parte das finalidades objetivadas em cada prova. Conseguindo alguma coisa para o rapaz, nesse terreno, estará prestando a ele e à sociedade um grande trabalho. A ele, terá apontado o Caminho do Sucesso. A esta, garantido mais uma pedra, com a qual se firma um terreno e se edifica uma nacionalidade.

RECONHECER AS PRÓPRIAS FALHAS

Para o bom resultado de um trabalho coletivo como o escotismo é tão indispensável que as atitudes certas sejam reconhecidas e imitadas quanto que cada um se disponha, sinceramente, a constatar os seus enganos, esforçando-se por não os repetir. Num meio como o do nosso movimento – destinado a localizar e a sanar as falhas comuns – este procedimento deve ser instintivo e rápido, não sendo motivo de ressentimento para o que estiver errado, nem para os demais, argumento de superioridade.

Sempre tive uma simpatia estranha pelo jogo de esgrima, por ser um dos raros esportes onde o vencido é o primeiro á indicar o vencedor e a apertar-lhe a mão. Tenho a certeza de que este hábito faz, na vida prática, como que todo o esgrimista seja um homem respeitado e de caráter elevado.

O erro não deprime depois que dele tivermos conhecimento e nele nos mantivermos.

Certa vez a associação à qual pertencia o meu grupo de escoteiros projetou e realizou um acampamento só de monitores. Não participei dessa atividade, tendo ela sido dirigida por dois ótimos chefes. Dias depois consultei o rascunho do relatório desse acampamento, constatando, com a maior tristeza, que terminava dizendo que a disciplina, embora muito boa, havia sido destoada pelos da segunda tribo! Este foi um dos maiores golpes de que me lembro ter recebido, tendo sido tanto mais desagradável quando passei pela memória que, durante muitos anos, até aquela data, só louvores havia colhido a segunda tribo. Servira sempre de modelo e os seus trabalhos, atividades e resultados foram sempre classificados com muitos bons adjetivos. Mesmo assim, nem pela idéia me passou contestar alguma coisa. Num

Conselho de Honra os monitores foram julgados e punidos. Os próprios chefes que dirigiam aquele acampamento foram os primeiros a explicar que o caso se restringira mais a pontos de vista e sistemas de atividades, etc. Da minha parte apurei que tudo se prendera às atitudes de um dos meus monitores que eu conhecia bem: Rapaz de bons sentimentos, mas temperamento bastante complicado – resultado da educação brumosa e falha que recebera quando criança. Com um trabalho de gota d'agua sobre pedra procurava, já havia anos, melhorá-lo o quanto pudesse, por aquela época já estava ele cinquenta por cento melhor do que ao entrar para o escotismo. Mais tarde atingiu os desejados cem por cento. Nem teve importância, para mim, o fato se que se hoje for consultado o livro de relatórios da Associação, esta passagem não será encontrada ali. Os referidos chefes – contra a minha vontade – ao transcrever o rascunho para o livro abstiveram-se de citar aquele parágrafo.

Não me posso furtar ao desejo de contar o seguinte: Naquela época consegui "salvar" o rascunho e ainda hoje o guardo cuidadosamente. Já está bastante amarelado, pois toda vez que consigo alguma coisa ou fazem algum elogio, indo para casa leio atentamente o relatório...

Pensando nele, muito tenho evitado e, recorrendo aos seus dizeres, encontrei sempre motivos para avaliar que muita coisa ainda deve ser feita.

FINALIDADES

Que sujeito engraçado, o Belarmino. Precisa saber as horas; tem um relógio ao qual dá corda sistematicamente; o relógio trabalha e ele o consulta com freqüência, mas... não tem ponteiros! E é tudo assim na vila de Guabiroba, onde ele é capataz da turma de lenhadores. Como lenheiros ou suas famílias são todos os habitantes da vila, Belarmino é capataz de júri, mas rei de fato. E que rei gostoso ele é. Vamos ouví-lo explicar as delícias da vidinha no seu reinado: Depois de dizer que mandou tirar os números das casas, não permitir campainhas e outras tantas coisas, explica porque não quer folhinhas em Guariroba. "Mecê num vê que trapaiada dava as folhinhas? Domingo, quando era pra ficá em casa tocando viola pra balanceá os soluço da caminha, boniteza de solarão. Dia de sumana, trabaiá? Chuva no lombo. Cum nóis agora não! Choveu? É domingo, e só fais segunda-fêra quando endireita o tempo. E quando nois cisma é só dizê: Pessoá, amanhã é sexta-fêra-santa. Pronto, ninguém trabáia. Óia, no ano passado nois fizemo onze carnavá que foi uma boniteza!...".

Vamos ver agora em que nos poderia servir de lição o caso do Belarmino. Vocês já dedicaram alguns minutos da atenção para verificar qual é a sucessão nos movimentos das engrenagens desse aparelho que chamamos escotismo? Vamos pensar juntos, sobre o caso, procurando, em primeiro lugar estabelecer a base da questão. Passaremos em seguida a verificar os meios que emprega o escotismo para realizar o seu objetivo e, finalmente, qual é o resultado que se espera obter.

A base, ninguém ignora, parte da conclusão quanto à morosidade, deficiência e pouco treino que os rapazes recebem para as lides da vida. Vejamos o caso mais objetivamente, comparando dois rapazes de dezoito anos. Suponhamos que ambos tenham tido boa educação e cursado boas escolas. Um, encontra tudo "fácil" no seu caminho, resolve as coisas com segurança e as suas atitudes são firmes, corretas e dão bons resultados. O outro, porém, embora seja igualmente correto e assim proceda em todos os seus atos, não tem muita confiança em si mesmo e na exeqüibilidade dos meios que emprega, titubeando muitas vezes e recuando quase sempre, mesmo quando o resultado já estava quase assegurado. Como explicar a diferença? Ambos tinham vontade de acertar. Ambos possuíam a mesma dose de meios para agir e, entretanto, os resultados eram algo diferentes. Em noventa por cento dos casos como esse, explica-se que, ao segundo, faltou o treino. Faltou-lhe a experiência e a têmpera que só se adquire enfrentando contratempos e faltou ainda, a segurança na vitória mesmo nos casos mais corriqueiros e simples da vida. Notem que apontei aqui, apenas uma das falhas comuns. As outras que constituem também fatores de insucesso, são por vezes deficiências ora da educação, vontade, objetivo, saúde, habilidade, etc.

Para saber os meios de que se vale o escotismo, vamos dar a palavra a quem o ideou: "O escotismo é, numa palavra, uma escola de Cidadania, por meio da vida ao ar livre". Isto é, ao acompanhar e orientar a educação da criança proporciona-lhe o escotismo aquilo que ela mais deseja: Aventura, distração e conhecimento das coisas complicadas, sob o ponto de vista da curiosidade.

A finalidade objetivada é proporcionada a todos o ensejo de desenvolver o seu espírito de iniciativa, pela experiência e aplicação das suas próprias idéias. O desempenho de tarefas que eles mesmos escolhem ou espontaneamente assumiram o compromisso de executar. Com pouco mando e sem nenhum medo eles são treinados em descobrir as vantagens da cooperação, da tolerância, do altruísmo, da coragem, do trabalho, do programa e, sobretudo, obter o resultado planejado.

Vemos daí que o escotismo não promete remédio para tudo neste mundo. Propõe-se a "fazer o possível" e, na prática, tem provado que é capaz de fazer bastante.

Como norma, portanto, poderíamos dizer que num grupo de escoteiros tudo o que se faz certo, estará habituando os rapazes na finalidade escoteira: preparar homens a viver e a agir acertadamente. Tudo o que for negligenciado ou se fizer errado, estará contribuindo para formar homens de caráter exatamente iguais aos que deram a B.P. a idéia de praticar escotismo.

O chefe que for um entusiasta do escotismo mantiver um grupo excelente, mas descurar das finalidades do movimento não é um mau chefe, não. Mas estará, apenas, dando corda no relógio do Belarmino...

BOA AÇÃO

O valor de um cidadão, na vida prática, não é medido apenas pela bondade, candura, justiça, cavalheirismo ou honestidade de encarar as coisas. Depende bastante, também, da sua capacidade de ação. Para tanto é que o escoteiro deve ser habituado a fazer sempre alguma coisa de interessante e útil, sendo constantemente encorajado, auxiliado e orientado nas suas idéias.

O próprio fundador disse: "o escoteiro não é passivamente um bom, mas ativo na prática do bem". O exemplo, entretanto, deve partir de cima, do chefe. Os rapazes ficarão mais e melhor convencidos se o chefe apresentar-lhes uma coisa de novo e útil, do que ouvindo cem palestras acerca das vantagens de "trabalhar" para o seu próprio bem, do próximo e da pátria. Este é o espírito visado pela Boa Ação, que muitos acreditam ser sinônimo de tirar cascas de banana da calçada ou ajudar uma velhinha a atravessar a rua. Esses exemplos clássicos são extraordinariamente nobres, mas espreitando-se a eles a sua concepção, teriam a desvantagem de que um escoteiro, não encontrando a casca de banana ou a velhinha, ficaria na impossibilidade de praticar a sua boa ação!

Essa idéia deve ser alargada, no sentido de que é tão importante salvar uma criança das rodas de um carro, como ensinar-lhe os meios de ganhar mais tarde honesta e eficientemente a vida.

Para incentivar, realizei certa vez no meu grupo de escoteiros uma exposição dos seus trabalhos. Ao lado de coisas toscas, feitas por mão inexperientes, achavam-se produtos da mais refinada e engenhosa habilidade. Os monitores e os mais destros, autores dessa última categoria de trabalhos, foram surpreendidos com o fato de ver premiada uma peça que passara quase despercebida e que o seu autor, um noviço, ficara todo ruborizado ao apresentar. A sua finalidade não apresentava qualquer coisa de novo, pois se tratava de um manipulador do morse, com muitos que costumam aparecer em ocasiões semelhantes. O que chamou a minha atenção e suscitou o meu prazer foi o fato de que o rapaz não o havia feito com um pedaço de metal especialmente adquirido, mas utilizara para aquele fim apenas um taboínha e a metade de uma serra para ferro, quebrada. Admirei, pois, que ele tivesse tido a idéia de fazer alguma coisa útil de outras, julgadas inúteis.

Hoje, mais do que nunca, precisamos de homens deste espírito: Tirar do nada uma coisa de bom, porque parece acentuar-se cada dia mais o problema do aumento das necessidades, diante de uma inexplicável ausência de possibilidades.

E você chefe, que exemplos tem dado neste sentido? Há quanto tempo você está no escotismo? Dez anos, dois anos, seis meses? E o que tem feito até hoje, que apresentou de novo e "concreto" para o movimento, para os rapazes, para a sociedade?

O que devemos julgar do chefe que passa anos e anos embevecido no único afã de construir frases e definições para o escotismo, ensinando como devem fazer as coisas, mas sem lembrar-se de prová-las de alguma forma?

Não julguem que seja preciso dispor algum esforço ao trazer contribuições para o escotismo. Ao contrário. Quantas vezes me detive em analisar de onde tantos chefes iam buscar a energia titânica que é preciso empregar para conseguir permanecer em atividade durante cinco, dez, quinze anos, sem apresentar um décimo de qualquer coisa de seu! Todos, indistintamente, têm a sua personalidade própria. Todos tem um patrimônio apreciável de estudos e experiências, pelo menos num setor da vida. Como explicar, que tão poucos se empenhem em colocar à disposição dos seus escoteiros, dos amigos, dos amigos dos seus amigos e da sociedade em geral, um quinhão daqueles estudos e a experiência dos seus esforços?

No escotismo aprendemos a mais bela forma do espírito de cooperação: A cooperação espontânea e desinteressada, no sentido de proporcionar à humanidade uma amizade caldeada pelo auxílio mútuo e sincero.

É intolerável a sabedoria de esfinge, daquele que sabe, mas é só para o seu gasto ou para levá-la ao tumulo no dia da sua morte. Abandonem a idéia de que se vocês ensinarem o que sabem ficarão em posição de inferioridade. Nada mais eleva e alegra neste mundo do que ter alguém a certeza de estar sendo útil ao próximo, em qualquer terreno necessário.

O QUE É UM DIVERTIMENTO

O melhor acampamento da minha vida, não fico constrangido ao declarar, durou apenas duas horas. Foi assim: Tinha apenas dez anos e foi pouco antes de entrar para o escotismo. Numa dessas clássicas trocas de visitas de família, enquanto as titias ficavam às voltas com os problemas do ponto de tricô, vida dos outros e o chapéu com pena de faisão (é uma felicidade enquanto a gente não sabe que galinha depois que morre vira faisão), eu, dois primos e mais um amigo, depois de revirarmos os trinta e cinco cantos do quintal da minha casa, resolvemos armar uma barraca. Não me lembro bem quantos paus, um cobertor velho da vovó e, pronto a barraca, em baixo da goiabeira mais distante do quintal. Escureceu. Uma vela sobre um toco de pau e nos escoramos diante das nossas sombras que dançavam por dentro do cobertor esticado. Conversamos, à meia voz, sobre todas as façanhas do Texas-Jack, Bufalo-Bill e os endemoninhados Sioux. De vez em quando eu olhava para um pedaço de pau mais a jeito e enfiava a cabeça para fora para ver se tinha algum Pele-Vermelha. Não tinha. Mas se viesse, eu... eu... - O assunto nos encantava seriamente, fazendo-nos viver todos os detalhes das aventuras estonteantes que iam sendo contadas aos pedaços, ora por um ora por outro. Os nossos olhos pulavam de lábio em lábio, e franzíamos a testa, ao partilhar a dificuldade do herói em encontrar uma pista importante, ou todo o horror era vazado na forma de um "oh!" irreprimível ao chegar no ponto em que um pele-vermelha levantava o braço com o escalpe sangrento de um "rosto-pálido". Quando paramos de conversar, para nos enlevarmos em silêncio com a façanha de Texas-Jack ao dominar o "Gavião da Montanha", eu pensava em obter permissão da mamãe para nunca mais dormir dentro de casa. Queria ficar sempre ali naquela barraca. Súbito um grande choque passou por nós. Um frio gelado subiu no corpo, deixando um tremelique nas pernas e uma gagueira na voz: Parecia que tínhamos ouvido o grito de guerra do cacique enraivecido, que voltava à carga com mais peles-vermelhas, mas... oh! desilusão. "Vamos jantar!". Gritaram com mais força na segunda vez e, assim, acabou-se o melhor acampamento que eu já fiz.

Mais tarde, quando chefe, sempre lembrei deste fato para avaliar que uma atividade divertida não depende tanto de aparato, programas complicados, relógio e outros detalhes e instrumentos. Depende sim, da camaradagem, da poesia, da compreensão mútua que deve reinar. Eis porque é impossível obter esse resultado com turmas numerosas. Atentem bem, chefes; o resultado de uma atividade; o prazer sorvido numa excursão ou acampamento; a solução das dificuldades de cada um; o aproveitamento, enfim, está na razão inversa da quantidade dos seus participantes.

Também existe o limite mínimo, é claro. Mas a sabedoria dos nossos maiores, em matéria de escotismo, legou-nos este ensinamento de valor nunca por demais apreciado: o meio termo. O número ideal para uma atividade que é a Patrulha. Quanta utilidade existe no "Sistema de Patrulha"! A lembrança daquela vez valeu-me também a experiência de que o indivíduo sente-se melhor, é melhor compreendido e diverte-se mais, entre indivíduos da mesma idade. Também aqui vale o sistema de patrulhas. O chefe orienta, coordena e zela pelo todo, pelo conjunto e pelas colunas mestras das atividades. Os detalhes, a transmissão dos ensinamentos e a condução direta dos trabalhos é feita por intermédio dos monitores. Duas terças partes do tempo geral da atividade de um grupo. seja no campo ou na sede, devem ser empregadas para as patrulhas, que se separam com freqüência em cada direção com o fim de levar avante um programa determinado ou mesmo a improvisar.

Combinando, resolvendo e executando as atividades entre rapazes mais ou menos da mesma idade, eles compreendem mais e são melhor compreendidos. O programa, levado avante por intermédio dos monitores ganha em graça e ganha em aproveitamento. Graça, porque fica diminuído o número dos que ouvem e multiplicado o número dos que ensinam. E todos sabem que mais se aprende ensinando do que... recebendo ensinamentos!

R
T
Y
G
H
B

O TREINO

O escotismo é um divertimento. Essa regra não deve sofrer modificações, padecer dúvidas ou ser seguida de reticências.

Vejamos a questão mais de perto: O escotismo educa, ensina a prática do bem, mas suponhamos que lhe tirássemos o cunho de divertimento e o espírito de aventura, o que sobraria? Apenas ensinamentos que pouco diferem dos que se proporcionam – ou deveriam ser proporcionados – nas escolas e, na parte da prática do bem. Seria emparelhado a dezenas de outras instituições que se especializaram no auxílio ao próximo. O escotismo, portanto, é distinguido dos demais sistemas por proporcionar ensinamentos e difundir a cooperação humana, dentro de um espírito de alegria, descanso, aventura, divertimento, enfim.

As maiores fraquezas humanas, no adulto, têm raízes na primeira idade da vida. Assim, o egoísta não foi habituado à cooperação; o indolente não provou fazer alguma coisa sempre que possível; o indisciplinado não teve a oportunidade de verificar as vantagens da vida ordeira. A maior parte das virtudes e das atividades de um homem não passa do resultado colhido por um longo "treino" seguido durante a sua existência. Durante esse treino, o progresso parece às vezes pouco significativo, mas, praticado com método, perseverança e boa orientação, o resultado é sempre ótimo e muitas vezes deslumbrante.

O nadador mais hábil que existe, principiou espadanando a água como qualquer "chumbo" que experimenta entrar na água pela primeira vez. A imitação dos que já o faziam bem, o treino e a força de vontade, trouxeram-lhe a habilidade de deslizar com rapidez e segurança na superfície inconsistente das águas.

Esse treino para a vida, que é o objetivo de quase todas as organizações sociais, distingue-se no escotismo exatamente por ser obtido de maneira amena e atraente. O escotismo consegue a sua finalidade por uma fórmula inteligente de escolher assuntos e distribuir trabalhos. Assim, por exemplo, se duma excursão participar dois rapazes: Um empregado de restaurante e, outro, que trabalha num escritório de engenharia. Qual seria o resultado se o chefe designasse a cozinha de campo ao cozinheiro de profissão e a preparação do croquí do local ao topógrafo? Seria esplendido, o resultado. A comida sairia na hora certa e seria suculenta. A planta topográfica resultaria impecável, sem dúvida alguma. Este é o resultado prático, mas o resultado moral ou – para usarmos um adjetivo nosso – o resultado escoteiro, qual seria? Pobre... Muito pobre, porque ambos voltariam para casa sem sentir que haviam se divertido. Teriam somente a impressão de haver o domingo e aumentado apenas mais um dia na sua semana de trabalho.

Certa vez uma pessoa, presente a uma excursão, perguntou-me por que um rapaz musculoso estava sentado à sombra de uma árvore escrevendo num caderno, enquanto um outro, fino de linhas como talos de cipós que balançam ao vento, esforçava-se por trazer, morro acima, água de bica em um balde de lona. "Aquele sentado à sombra da árvore – expliquei – trabalha transportando cargas num armazém". Para quem raramente vê um lápis de perto, é muito ver um lápis de perto, é motivo de alegria, divertimento e instrução desenhar um novo tipo de mesa de campo e descrever as suas vantagens, enquanto descansa dos trabalhos da semana. O do balde d'agua é estudante. Não precisa dizer mais nada se não constatar a alegria com que ele bronzeia-se ao sol e faz ranger as cartilagens e os músculos embrionários, enquanto esquece por um momento que numa grama de hidrogênio existem trezentos sextilhões de moléculas, ou deixa para segunda-feira resolver o problema de entender por que "a linha reta não passa de um trivial exemplo de linha curva..."

Ambos voltarão para casa satisfeitos e com a certeza de que "fizeram alguma coisa". É um erro julgar que fazer escotismo seja: Andar bastante; carregar muito peso e realizar programas complicados e abundantes. Mesmo um "programa bonito", por exemplo, deixa de ser escotismo quando for feito à custa de sacrifícios. Sacrifício desnecessário da saúde dos escoteiros. Sacrifício da propriedade alheia e da natureza. Sacrifício da verdade, da sinceridade, do respeito mútuo, da camaradagem, etc.

Por estes motivos, repito o que já disse outras vezes: Se tiverem que escolher entre fazer muitas coisas bonitas, com prejuízo da ética escoteira, a fazer "o que é possível", mantendo o bom nome e integra a moral, escolham esse último caminho, porque é o do escotismo. Deixem para último lugar a propaganda e as exteriorizações. A verdadeira propaganda, aquela que cala mais fundo e convence mais é fazer as coisas certas.

"Mas – dirá alguém – que coisa complicada é o escotismo!"

Não. Não é complicado. Ao contrário, é simples demais. Contudo, é exatamente na sua simplicidade que deve atentar-se com mais cuidado, para não transformar os seus pontos básicos.

Em resumo, qualquer atividade escoteira deve ser um jogo, um divertimento. No meio tempo, o chefe encontrará ocasião para um conselho oportuno ou uma explicação interessante. Mãos à obra, portanto, que é fácil e agradável a sua realização.

UMA FORMA DE FELICIDADE

Numa conversa rápida, ao encontrar um antigo escoteiro, perguntei por que não aparecera mais, ele que fora um dos melhores chefes que tivemos. "O trabalho é duro, afazeres em casa, mulher, filho e tantas outras ocupações com a família..." Mas você esquece – disse-lhe eu quase sem pensar ao nos despedirmos – que um homem para sentir-se feliz precisa, depois de cuidar de tudo o que você disse fazer, também alguma coisa além da obrigação? Uma vez por semana ou cada mês, é o suficiente para uma atividade que diverte e dá oportunidade de ensinar alguma coisa de bom a um estranho.

Depois de nos separarmos comecei a pensar: É verdade. Por que é que as coisas são assim? Então um indivíduo não é completamente correto e feliz cumprindo com a sua obrigação, cuidando e bastando aos seus? Pensando mais um pouco, concluí que a Moral baseia-se, para o caso, numa questão aritmética. realmente, se todos os indivíduos contassem com as mesmas possibilidades para receber meios e educação, não seria desnecessário que a moral batesse tanto na tecla de que devemos ajudar o próximo. Todos encontrariam o suficiente em seus superiores diretos: seus pais e seus mestres. A questão é que a doença falta de recursos, os vícios, os erros e outras deficiências humanas, fazem com que o número dos que ensinam e dos que dão, sejam inferiores ao número daqueles que devem aprender ou receber. E este desequilíbrio, que existe desde o primeiro aglomerado de homens na terra e pendurará indefinidamente, só poderá ser diminuído com o desdobramento daqueles que têm capacidade ou meios para retribuir uma pequena sobra, por mais insignificante que seja.

O egoísmo daquele que sabe e não reparte os seus conhecimentos vai tão contra a moral como a avareza do que possui e não ajuda o seu semelhante necessitado. Bastar a si e aos seus é uma parte do dever do cidadão, mas ajudar sem paga ao próximo que precisa, é o complemento imperioso desse mesmo dever.

Conheci um homem rico que era igual a todos os homens ricos, menos num ponto, pois tinha maneira interessante de fazer bem aos outros. Periodicamente saia às vezes à tarde às vezes à noite, sem rumo certo, mas sempre para lugares diferentes. Preferia os pontos pobres dos arrabaldes, onde acaba o calçamento e principia a miséria. Sem nunca dar-se a conhecer, levava muito tempo a observar, com aparência distraída. Um jornal, um ponto de ônibus ou estaçãozinha de estrada de ferro ajudavam muito. Um velho pensativo a uma porta, com olhar esgazeado como se fora o écran do cinema, por onde parecia deslizar o filme de toda uma existência: alegria rodopiante de carnavais idos; trabalho insano; dinheiro raras vezes fácil, mas quase sempre esgueiroso e arredio; amores e encantamentos; amizades profundas e rancores cavernosos; ideais sublimes e vilezas inacreditáveis. Ou uma criança em idade escolar: boca suja e suspensório de um só lado; calcinhas rasgadas e muito apertadas, porque a criança crescera, ou novas de pano rústico e muito largas, prevendo que ia crescer. Velhos semi desamparados e crianças de futuro incerto eram o seu objetivo predileto. Depois de observar demoradamente provocava uma conversa qualquer, perguntando uma meia dúzia de palavras. Procurava obter sempre o nome, que o endereço tomava-o por sua própria conta. Para isto valia-lhe certa habilidade, ao agradecer a indicação de alguma rua ou o horário do trem, e voltava para casa dando por fim a sua missão por aquela vez. Estava finda aparentemente, pois passados alguns dias o velho ou a criança recebiam sempre alguma surpresa agradável: Um auxílio, um presente, um emprego, uma escola que o beneficiário recebia sempre entremeado de palavras amigas e sem nunca saber a sua origem. Ele contribuía também por outras formas para o bem social, mas esta ele a reservava como um prazer pessoal, pois dizia dar-lhe ela a oportunidade de sentir que estava realmente ajudando alguém que ele procurava compreender na sua necessidade.

Assim como o que tem, procura uma forma de dar aos que necessitam, também aquele que sabe, pode prestar idêntico serviço ao próximo, repartindo os seus conhecimentos e experiências.

E porque não fazê-lo por intermédio do escotismo? No movimento escoteiro encontra o cristão a forma de amar ao próximo como a si mesmo. O cidadão, os meios de prestar um benefício à coletividade.

Todo o indivíduo, afinal, por meio desse divertimento são e agradável, com o ensejo de prestar um serviço a alguém, encontrará pelo menos um pouquinho desse fluido tão desejado por todos: A felicidade!

AS VANTAGENS DE ALERTAR

A indolência, a ausência da força de vontade, programa e determinação para o trabalho metódico, são vícios nacionais que precisam ser combatidos.

Grande povo é aquele que "quer". Sabe "o que" quer, "porque" quer e "como" quer. E o vício coletivo de um povo é a soma desses mesmos vícios nos indivíduos que o compõem. Vocês não calculam o número sem conta de rapazes já feito homens, que são resultados à porta das fábricas e dos escritórios. Não têm ofício ou profissão. Não têm, ao menos, uma inclinação qualquer. Dizem querer trabalhar, mas não sabem em que, nem quando nem como. Trabalham dez dias por mês, perambulado de lugar em lugar, à cata duma experiência que abandonam tão logo comece ela a mostrar-se concreta, para principiar mais adiante. Abusam da paciência dos que os toleram, abusam dos seus postos de cidadãos, que têm deveres para com a sociedade e para com a Pátria, abusam ainda de si mesmos. Um fazendeiro que deseja produzir laranjas, ara, aduba, trata, enxerta e procura aperfeiçoar a sua produção e seleção. Se com as plantas ainda novinhas, tornasse a decidir por pêssegos, depois abacaxis, etc. destruindo sempre o seu trabalho anterior para tentar um novo que abandonaria mais adiante, ninguém poderia dizer que fora indolente, não trabalhará ou não fora honesto o seu suor, mas nunca chegaria a ter frutos do seu esforço. Se os conseguisse, seriam sempre poucos e amargos.

Em nenhum regime deste mundo paga-se pelos sessenta quilos que o indivíduo pesa. Paga-se, sim pelo que produz, em qualidade e quantidade.

Por isto um escoteiro deve ter ambição, deve ter programa escolhido, ao qual se atira resoluto e confiante. A sorte é muito rara e incerta para que nela seja depositada alguma esperança. Setenta por cento dos indivíduos encontram sérios embaraços na vida. Olhe chefe, para dez dos escoteiros que se acham diante de você. São crianças. Todos riem e todos parecem iguais. Entretanto veja a responsabilidade que você tem nas mãos: três deles irão ser homens de grandes responsabilidades, os outros sete passarão maus pedaços na vida. Terão pouco que comer e mal onde dormir. Irão sofrer vexames e perseguições, tropeçar e cair sem saber como poder levantar-se. Verão coisas boas e úteis muito perto de si sem as poder agarrar. Irão encontrar-se num deserto, no meio de possibilidades que parecerão inatingíveis. Com sede, sem poder beber e exaustos, sem poder repousar, Esse deserto é a vida.

Prepare-se, prepare-os! Prepare-os para essa travessia. Dá-lhes o conhecimento dos objetivos a atingir. Ensina-lhes a maneira de orientar-se na escuridão das noites negras do mal ou nos horizontes infindos, sem um ponto sequer sobre o qual possam descansar um pedacinho de esperança. Instrua-os sobre as dificuldades e habitua-os a dominá-las. Não fale apenas de belezas e sublimidades que, assim, fará com que maior seja o choque diante da realidade.

Se árdua lhe parecer a tarefa de chefe lembra que ela é ao mesmo tempo sublime e excitante. Sublime, porque está em suas mãos baixar aquela porcentagem de sete e aumentar o número de três. Excitante, porque é um jogo: Vence o mal ou vence você.

Habituado a conhecer o mal e os maus; endurecido na luta metódica em levar de roldão os empecilhos pequenos e grandes; armado com a clava da sua honra incorruptível; iluminado pelo fogo sagrado da sua fé e disposto ao trabalho honesto e produtivo, pisará o escoteiro a areia daquele deserto, com a segurança dos que conhecem o caminho e com a certeza na vitória dos que sabem o que estão fazendo.

O CURSO RÁPIDO

Agora que vocês já se encontram aqui há uma semana, seria interessante fazermos algumas perguntas que, à primeira vista, poderiam parecer um pouco esquisitas, mas... são escoteiras. No escotismo nos habituamos a tratar os problemas de frente. A franqueza e a sinceridade têm duas vantagens: Firmam a confiança mútua e dão maior rendimento aos trabalhos.

Primeiramente vamos esclarecer a situação: Vocês constituem uma turma de professores, vindos dos mais variados rincões do nosso estado, para ingressar voluntariamente num Curso de Chefes, que deverá ser feito no exíguo espaço de trinta dias. Este tipo de curso intensivo não é novidade em outros países mais adiantados que o nosso, em matéria de escotismo. Por lá, têm dado os melhores resultados e, como estão sendo seguidas as mesmas bases, é justo esperar que, por nosso turno, frutos igualmente bons venham a ser colhidos.

Com a primeira semana de atividades já é decorrida a quarta parte do tempo destinado ao curso. Não é inoportuno, portanto, perguntar por estas alturas:

Estarão vocês entendendo a Escola de Chefes?
Estará a Escola de Chefes entendendo vocês?

Vamos ajudar-nos mutuamente nas respostas. O chefe do curso e os seus colaboradores, nas diversas reuniões e atividades, já falaram de "nós", gritos de guerra, sistema de patrulhas, estrutura do Movimento escoteiro, como cozinhar no campo, sinais de pista, etc. Mas... Não terá passado pela idéia de algum de vocês (ou de todos, quem sabe!), o seguinte raciocínio:

"Afinal de contas, que diabo! Nós somos professores formados. Temos as nossas famílias, os nossos estudos e os nossos trabalhos. Viajamos mais de quatrocentos quilômetros para vir aprender como se dá ou se desata um nó de corda; como se desenha a Bandeira ou se prepara um fogo no mato só com dois fósforos! Francamente..."

Confessem: Quem já não terá pensado assim?

Ou, da nossa parte; vocês já teriam reparado no número de pessoas que constituem o escotismo, aqui ou alhures, de todas as classes e de todas as patentes, empenhadas em praticar e ensinar aquele mesmo escotismo que a algum ou a todos vocês terá parecido estranhamente simples? Pois bem, meus amigos, aqui vai o melhor conselho que poderia dar a vocês: Aprendam os nós, façam fogo com dois palitos de fósforos ou quanto mais lhes seja ensinado, mas procurem por todos os meios a atinar com o "móvel" da questão, com o âmago da nossa causa, com o "espírito do Escotismo". Vocês precisarão revestir-se de uma dose de boa vontade para acreditar-me, logo nesta primeira vez, quando eu disser que o futuro do Brasil depende daquelas pequeninas coisas citadas como exemplos: fazer nós em cabos ou acender fogo em campo aberto!

Quanto mais depressa vocês admitirem esta verdade, tanto mais rápido chegarão ao ponto desejado: Conhecer o escotismo, praticar o escotismo e ensinar o escotismo. Aquelas coisinhas que vocês aprenderam, e outras que virão a aprender, fazem parte da chamada Síntese da Vida Escoteira, reconhecida como esplêndida para um novo povo ou toda a humanidade, não por mim. Não por meia dúzia de pessoas, mas por todos os dirigentes experimentados e governos esclarecidos.

Com aqueles sistemas simples de jogos e atividades – que servem de base para o trato dos assuntos mais sérios e delicados – conseguiu e continuará a conseguir o escotismo a boa vontade, a sinceridade, a lealdade, a cooperação e o trabalho entre os indivíduos, povos e continentes.

Por outro lado, algum de vocês já terá principiado a atrapalhar-se em entender o mecanismo da organização escoteira. Para evitar desperdício de tempo, guardem o seguinte: A organização e atividades do aparelho que chamamos "escotismo" destinam-se unicamente a dar maior rendimento e melhor utilidade à execução do seu programa. O que tende a fugir desta verdade poderá ser julgado como desnecessário e supérfluo.

Concluindo, cabe aqui este conselho: Enquanto vocês não dispuserem de tempo e do material necessário para avaliar por si mesmos o potencial incomensurável do valor que existe na prática dessa grande obra – o escotismo – vocês poderão descansar nas opiniões insofismavelmente honestas de Pio XII, Rei Jorge, Bilac, Russel e tantos outros, unânimes em afirmar que ele é a melhor fonte de cidadãos operosos e bem intencionados.

Confiança, pois, e decisão de aproveitar e fazer com que os outros aproveitem o que o escotismo oferece de alegre, de útil e de nobre para a vida de cada um e para os destinos da nossa Pátria.

OS TRÊS TERÇOS

A fonte do sucesso ou a origem do fracasso na vida de um homem está em fazer ou deixar de fazer as coisas. A disposição para o bem ou a propensão para o mal, encontram-se na massa de todos os indivíduos, variando apenas na forma e na intensidade da sua manifestação.

Observando-se duas pessoas que sobem numa corda vemos que enquanto uma vai ai topo com toda a facilidade a outra geme, esgravata, sua e se cansa para em seguida beijar pesadamente o solo sem ter conseguido o seu intento. E a soma das energias despendidas dói inversamente proporcional ao resultado obtido. A essa ultima faltou o que? Faltou o hábito. E o hábito é um dos maiores responsáveis pelas atitudes futuras de um homem. Ele cria o líder de uma grande causa com a mesma facilidade com a qual joga um delinqüente ao fundo do calabouço.

Aqui é que se revela a sabedoria de que ideou o movimento escoteiro, porque estampar conselhos ou compilar tratados para dizer o que é Bem ou o que é Mal, de pouco vale. O resultado prático, só poderia ser obtido por um processo que acompanhasse o indivíduo desde a mais tenra idade, não somente para dizer-lhe o que é o Bem, mas principalmente para ajudá-lo na sua prática. Esse processo é o escotismo, que provou ser de grande valia em quase quarenta anos de aplicação. No seu sistema aprende o indivíduo o "porquê" e o "como" deve fazer as coisas, aliando o treino agradável da sua forma ao programa progressivamente útil da sua finalidade.

Tudo no escotismo tende a crer o costume: Raciocinar e compreender; determinar e agir; analisar e estudar; decidir e trabalhar; concordar e obedecer, são todos os hábitos que enrijecem e temperam o espírito e o físico dos que hão de resistir um dia à batalha da vida prática.

A análise de uma face da vida rural norte-americana foi apresentada num filme, não há muito, por um grande escritor e sociólogo daquele país. Uma frase lapidar revelou toda a indolência que campeia no espírito de grande parte do povo, tanto de lá como daqui ou de qualquer outra parte: Um caipira sentado à porta da sua cabana que já se inclinava, roída pela intempérie, mas que ele só abandonaria ao tombar de tudo, enquanto satisfazia ao hábito de procurar alguma coisa por entre a barba suja, disse pausadamente: "Um dia destes ainda irei procurar a minha avó que ficou perdida no mato...".

Este e muitos outros são reflexos dos grandes problemas que se apresentam pela frente do escotismo, disposto a ajudar na solução dos males sociais pelo trabalho metódico de temperar caracteres e treinar o indivíduo na "habilidade" de proceder acertadamente.

Na primeira vez que me encontrei com vocês, fiquei pensando: que turma sacudida e de valor. O ideal e a disposição para analisar e compreender acham-se estampados na feição de cada um. Mas, a experiência obrigou-me a fazer a seguinte consideração: Dentre estes trinta rapazes, quais serão os outros dez que vão tentar, com toda a boa vontade embora, mas vão abandonar. O seu ideal tão logo se apresentem as primeiras dificuldades? Quais serão os 10 que vão ser bem sucedidos na sua empresa? E por fim, quais os dez restantes que irão esquecer que tinham algo de belo e de nobre para levar avante?

É importante, pois, que vocês não somente concluam que alguma coisa de bom existe para ser feita, como também que se decidam na sua execução. E aquilo que deve ser feito façam-no logo. Não deixem para fazer "... um dia destes...".

Sei muito bem que ao silvar a locomotiva, de saída da plataforma da estação de Guaiçara, ou Matão, Buri, Jaboticabal, Sorocaba, Santos, Franca, Itapecerica, Catanduva, Araçatuba, Mirandópolis, S.Carlos, Casa Branca ou

Rio Claro, onde vocês ficarão parados ainda por um momento, sobraçando a bagagem de volta desse curso em S. Paulo, principiará a aparecer o primeiro problema que tentará minar a disposição que vocês acalentam de fazer alguma coisa de bom para a sua cidade. E o primeiro problema puxará outros, que se sucederão em cadeia sem fim.

Que cada um de vocês tenha o pé em guarda, para agüentar o choque. Lembrem sempre da fibra destemida dos Bandeirantes e ataquem os problemas com a sobranceria dos fortes, a coragem dos bravos, a paciência dos justos e a constância dos idealistas.

ONDE ESTç O ESCOTISMO?

Onde está o Escotismo? Sim, onde está verdadeiramente o Escotismo?

Estará no aperto de mão que nos une, na Lei, nos emblemas ou "desejo de o ser"? No uniforme vistoso, elegante? Ou nas provas que indicam saber, demonstrando se é ou não capaz? Escotismo... será só ensinar, aprender, difundir, cooperar?

Estará no campo, que pisamos contentes, ou na fonte que a sede sacia; na tenda que armamos à noite, junto ao fogo que a todos acolhe, repartindo nas chispas douradas a sua luz seu calor, igualdade? Ou apenas será escotismo o galgar a montanha azulada, transpor o rio caudaloso, dominar a floresta, chegar ao destino, vencer a jornada?

Não. Isso não basta. O Escotismo...

Está na conversa de amigos sinceros, que discutem assuntos em paz. Está na escola onde o estudo se prende aos problemas da vida e do bem. Está no lar, na máquina de trabalho, oficina, ou no amanho da terra sagrada, onde é honesto e sincero o labor. Está na fé, na esperança e no auxílio, que prestamos sem lucros visar.

Esse é o Escotismo.

Mas a mola, energia palpitante, essa luz que impele ao trabalho, que conduz e que inicia a vitória, em que resume como chama, onde está?

O que move o que atrai e que julga as ações dos que juram "servir"; o roteiro entre espinhos e escolhos, que aconselha e que indica o caminho, nos desvios de cada momento é: o "Espírito Escoteiro". E impossível é trazê-lo estampado, com retrato e impressões digitais. Nem no bolso, em estojo ou mochila, ou lugar onde o toque a mão.

O Espírito Escoteiro...

Traz aquele que ri e que canta o que crê e, lutando, desconhece o que é ódio ou mentira. Trabalhando, não sabe o que é inveja. Concordando, não sente temor.

Traz aquele que ri e que canta o que crê e, lutando, desconhece o que é ódio ou mentira. Trabalhando, não abe o que é inveja. Concordando, não sente temor.

O espírito escoteiro, não se compra ou se aluga, nem se toma emprestado de alguém:

Nasce ao fundo do bom coração.

AJUDAR, NÌO ATRAPALHAR

O que aprenderam vocês a respeito do "sistema de patrulhas"? É um bom meio, dizem uns. É o único método, dizem outros, para praticar escotismo. Por este sistema a base do trabalho no movimento e pelo movimento é a patrulha, à qual convergem todas as iniciativas e todos os esforços que, daí irradiam para a colaboração geral. Ela é o início de todas as atividades e ela é o lugar onde tudo está em primeiro plano. A cooperação entre as demais, entre os diversos grupos e todo o movimento, na assistência que uns prestam aos outros, na experiência que as reparte, nos trabalhos que se desenvolvem principia e se baseia na união, na estima, na dedicação que reina e orienta a vida de cada patrulha. Quem poderia conceber harmonia, vida operosa e alegre, boa realização de trabalhos num grupo de escoteiros ou no escotismo de toda uma cidade ou país se não os assentasse, em primeiro lugar, na sã harmonia, dedicação e trabalho do seu núcleo mais simples: a patrulha?

Reconhecida que é por todos nós, pois, a importância da vida de uma patrulha para o bom êxito do movimento escoteiro, está habilitada a dirigir o assunto para outro terreno, bastante semelhante. Vejamos: sendo dever de todo cidadão interessar-se pelos problemas da coletividade, chega-se facilmente à conclusão de que a parcela mais simples dessa coletividade é a família. Há idêntica maneira do que se passa no escotismo – que em se desejando trabalhar para ele devemos principiar pela patrulha – também os problemas sociais gravitam em torno da família, que deve ter salvaguardados os seus princípios de conjunto, harmonia, tradição e trabalho. E isto não é pregar o egoísmo familiar. É que só assim poderá haver lógica, coerência, resultados.

Em linguagem geológica, o granito é uma rocha e as areias da praia também o são. Entretanto, uma é compacta e resistente e ao outra é novediça e disforme. Todavia, o elemento principal que compõe ambas é o mesmo: sílica. Onde a diferença, então? A diferença está apenas em que, no granito a sílica acha-se soldada por um cimento, que unindo fortemente uns grãos aos outros, lhe dá a resistência que conhecemos. Na areia das praias não há esse cimento, e ela é deformada pelo calcanhar que a pisa ou atirada, sem rumo, pelo vento que a sopra.

Vemos, pois, que não é preciso esforço algum para um chefe concluir ser um dever importante, ao organizar as suas atividades, ter o cuidado de não atrapalhar, mas encorajar; não ignorar, mas compreender; não desviar, mas auxiliar, facilitar, pugnar pela vida familiar que é, ao mesmo tempo, toda a base de um grande povo.

Observei certa vez um chefe que "fazia o melhor escotismo do mundo" E fazia mesmo, não há dúvida. Tudo se manifestava impecável. Programas e execuções. Teoria e prática. Atividades sadias, resultados ótimos e entusiasmastes. O livro de atividades provava-o de maneira patente: Domingo, aqui. Domingo seguinte, acolá. No outro domingo, mais adiante. No outro ainda, mais à direita, à esquerda, para trás, etc., etc. Todos os bons lugares, bonitos e instrutivos eram esquadrinhados e vividos alegremente, escoteiramente. Assim, meses sem conta. Assim, anos a fora.

"Mas, estes rapazes são de um orfanato?"

"Não senhor! São todos da redondeza, disse-me ele. Há-os de todas as qualidades, não fazemos seleção".

"Mas não têm pais, irmãos, parentes, não é verdade?"

"Têm sim, por que"?

"Eles não ficam em casa um único domingo...!"

Não foi preciso dizer mais nada. O chefe, que era inteligente, compreendeu logo. Compreendeu e agiu. Conseguiu manter ininterrupta aquela série admirável das suas atividades, mas entremeando-as com os domingos nos quais o programa dizia: Atividade em casa. Passado algum tempo disse-me aquele chefe: Foi boa aquela idéia, e sabe de uma novidade?

"Eu mesmo descobri que também tinha família e, depois de muitos anos, percebi que também é agradável e necessário, de vez em quando, deixar de sair um domingo, ou ir a passeio com a "patrulha" lá de casa...

CELEIRO DA HUMANIDADE

Há quase meio século o espírito arguto de Baden Powell previra o caos que estamos vivendo em nossos dias. Não incidiu, entretanto, no erro comum da maioria dos pensadores, fundando uma filosofia ou escola de pensamento sectário, que buscasse desta ou daquela forma resolver o problema social. Fez muito mais do que isso. Ao idealizar uma obra imorredoura agiu com tal clarividência que a colocou fora e acima de qualquer dúvida ou crítica. Tornou inquestionável, o escotismo, estabelecendo na primeira das suas regras que ele se mantivesse à margem das polêmicas políticas ou religiosas. Deu à obra a garantia da coerência, frisando ser a sua prática moldada na sobriedade dos costumes, pelo contato com a natureza. Garantiu-a contra a exploração, ao inculcar-lhe o sentimento da igualdade e da amizade. Mas, sobretudo, deu-lhe valor e sucesso, ao visar proporcionar à humanidade aquilo de que ela realmente sempre sentiu e continua a sentir falta: ambiente de sinceridade, sossego e isenção de ânimo, necessário e indispensável para resolver os seus múltiplos problemas. O escotismo, portanto, não prepara filósofos de princípios particulares. Não forma soldados que lutem cegamente por uma determinada cor de uma determinada bandeira. Não produz os intransigentes na luta pelo bem e na aversão para o mal, qualquer que seja a sua origem.

Para alcançar o seu objetivo, ainda, não lançou mão do expediente comum de fazer "tábua rasa" daquilo que de bom a humanidade já havia alcançado. Em vez de jogar os homens ao fundo de um poço escuro, com a promessa de tirá-los dali para melhor (sem garantias, é claro), como o fazem todos os reformadores, permitiu-lhes que dessem um balanço no estado de coisas. O que era bom, que permanecesse. Que se livrassem, apenas, da roupagem falsa da hipocrisia, dos disfarces baratos da falsidade, armando-os da disposição ao trabalho simples e honesto, sob alegria própria dos bem intencionados. A sua obra não está circunscrita a latitudes, sendo a sua prática igualmente útil tanto sob o sol ardente do Equador como aureolada pelas geleiras polares. Não a restringem preconceitos de raça, pois se confraternizam o loiro de olhos azuis como mais puro abexim das terras da África; o brasileiro de Copacabana e o coolie de olhos amendoados; o pária do reino Nepal com o americano de Manhattam. Sob o mesmo uniforme cáqui seguem lado a lado – pela mesma estrada, em busca das mesmas emoções e guiados pelo mesmo ideal – o abastado e o humilde, o sábio e aquele que... sabe apenas que deseja ser bom. E essa identidade mútua traz melhores resultados para a compreensão e auxílio mútuo dos indivíduos do que o mais bombástico dos decretos.

B.P. não conseguiu o sucesso para o seu trabalho mediante o engodo tentador e falso de promessas suntuosas. Falou de direitos, é claro, como o direito sublime de usar o nome de cidadão, mas que seria conseguido pelo dever de trabalhar por Deus, pelo Próximo e pela Pátria. Se a legião que o segue se acha tentada por aquele direito, pelo menos provou não estar atemorizada diante dos respectivos deveres.

O nosso movimento não entra em atrito com os governos, participando da concorrência de como deve ser construído o edifício do que achamos "vida melhor". O escotismo não tem planta própria para esse edifício, reconhecendo competir a quem de direito escolhê-lo. Mediante o seu plano invulgar, porém, oferece àquela construção este material raro e de fina qualidade: Homens de bem. Fornece, assim, os alicerces, baseados na solidez das suas nobres intenções. As pedras da estrutura, com a rigidez adquirida no amor ao trabalho honesto. O aço necessário, temperado nas adversidades da vida. A cobertura, com seus ângulos que buscam um ideal superior e protegem as conquistas realizadas, resistindo à força penetrante e destruidora dos elementos de corrosão. Cimentado pelo espírito de cooperação, cordialidade e tolerância, oferece mais, o escotismo, ao edifício onde deve morar a humanidade: oferece as colunas majestosas da fé nos ideais nobres e contribui, ainda, com os adornos artísticos do seu espírito de bondade e de alegria.

Eis por que vemos ser, escotismo, material disputado pelos governos bem intencionados prescritos, apenas, por aqueles que têm concepção própria sobre o bem ou mal, concepções unicamente geradas para justificar os seus desígnios, tão intrincados quanto tenebrosos.

Sob o sol claro do movimento escoteiro não encontra terreno para medrar a erva rasteira das conveniências e ante a couraça dos seus objetivos sadios e elevados baixam impotentes às lanças da paixão e da insídia. Ao alarido antepõe a serenidade; ao egoísmo o desprendimento; à confusão, o estudo sincero; a corrupção a integridade. O malabarista por interesse e o semeador da cizania não encontram no escoteiro o ponto de apoio desejado, pois se habituou este a tratar as coisas com a simplicidade da lógica, nem o medo o constrange. Por beleza entende o bem e, as trevas, não constituem para ele tabus, porquanto foi treinado a enxergar através da mata densa nas noites negras sem lua e medir com exatidão as forças do inimigo.

Eis os motivos pelos quais os escoteiros assistem com superioridade ao gladiar-se de todos quantos se arrogam o direito de saltar hoje à arena para interpretar, cada qual ao seu modo, a luta pelos ideais da humanidade! Onde e quando provaram eles ter feito alguma coisa de objetivo pela qual pudesse aquilatar as suas habilidades? Como e quanto fizeram de prático pelo bem geral, que servisse de prova à honestidade das suas intenções e à garantia da fórmula de recomendam?

Vêm vocês, pois, caros chefes, como é altivo, prático e superior o movimento que nos permite manter erguida a cabeça, mesmo quando a curvam sábios e potentados. Mas não descuidem: Esta altivez tem todo aquele que, como nós escoteiros, norteia os seus passos pela transparência de ideais, tolerância de tratamento, espírito de cooperação, honestidade e dedicação ao trabalho. Mantenhamos acesa, portanto, a chama deste ideal sagrado, pois do contrário, com o pagar-se dela, ruirá por terra a força do nosso sucesso e a energia da nossa superioridade.

Trabalhando e confiando, deixem que o tempo desfie os seus dias e anos agitados, que da confusão e das trevas nascidas das ambições insopitadas, emergirá sempre a figura singela e brilhante da Flor de Lis.

CAMINHO A SEGUIR

O campo, com seus jogos, suas provas e suas atividades características constitui o meio de praticar o escotismo, cuja finalidade é proporcionar horas agradáveis ao mesmo tempo que prepara cidadãos úteis e corretos que procuram, por todos os meios, trabalhar no saneamento das deficiências e dos vícios nacionais.

Baseando a moral estabelecida na Lei e na Promessa escoteira – que é a moral comum a todos os povos civilizados – são os seus trabalhos orientados em cada parte da tendência de sanar os seus males e defeitos gerais ou particulares.

Não devemos abespinhar-nos manifestando brios de falso patriotismo, dizendo que somos perfeitos. Os nossos sociólogos os apontam com freqüência. Todos os povos, grandes e pequenos, têm os seus vícios e defeitos mais ou menos generalizados. O verdadeiro patriotismo está exatamente em descobrir esses defeitos e procurar com sinceridade trabalhar na sua correção. Para tanto, age o escotismo sobre a crença pela alegria de vida ao ar livre; arrebata pela oportunidade que lhe oferece de executar as suas idéias (sistema de patrulhas), habituando a pensar, trabalhar e vencer as dificuldades pela própria experiência; alegra pelo desejo dos jogos e conhecimentos úteis, excita pela satisfação de participar desse jogo que ela mesma escolheu e, finalmente, explora o sentimento idealista, inato em todo o indivíduo. Como ação indireta poderia ser citado o fato não menos importante de que o escotismo, proporcionando distração alegre, sadia e útil para as horas vagas do rapaz, torna-se dele credor desse serviço nunca por demais apreciado: rouba-lhe o tempo e a oportunidade de tornar-se mau.

Cartas aos chefes

A tarefa principal de um chefe é servir de amigo mais experiente dos seus escoteiros. Não seria direito nem aconselhável que se tornasse mentor e interprete único do pensamento e da maneira de agir dos seus rapazes, pois seria fugir à finalidade do nosso movimento e seria ir de encontro aos direitos destes. O escotismo não tem teorias próprias, sendo apenas um sistema de educação, mediante processos alegres e pelo contato com a vida sadia e alegre de jogos em campos e florestas. O trabalho de um chefe deve restringir-se ao conselho e orientação de um amigo mais velho, ajudando na solução das dificuldades de cada um.

Baseia a sua organização sob o aspecto da vida prática, condensando o pouco que poderíamos chamar de teoria em tantos conselhos que os mais experientes transmitem aos demais, com o fim único de dar-lhes a oportunidade de realizar mais e melhor.

Sempre que um chefe planejar um programa deverá colocar-se no lugar daquele que o vai executar. Saberá assim se é ou não exeqüível o seu desejo, dentro da capacidade e do meio no qual irão operar os seus monitores e escoteiros. Na minha vida de chefe adquiri o hábito toda vez que desejava fazer alguma recomendação, de analisar o que poderia fazer, se estivesse no lugar dos que eu supunha estarem dispostos a seguir os meus conselhos. Isso por um simples sentimento de honestidade, pois seria absurdo pedirmos uma coisa inexeqüível ou cuja vantagem fôssemos os primeiros a colocar em dúvida.

A verdadeira qualidade de um chefe é descobrir a maneira de obter os resultados. Sendo o escotismo um jogo praticado em conjunto, o chefe deve, necessariamente, conhecer ou descobrir o caráter dos que irão participar desse jogo.

Todos têm a sua soma de qualidades e o seu conjunto de defeitos, acompanhados, quase sempre, de um sistema todo especial de encarar as coisas. Se uns gostam que se lhes repita a cada passo o que devem fazer, a outros desagrada; o elogio, a estes, incentiva, enquanto àqueles aborrecem; uns transbordam alegria, outros, impassíveis, podem estar tanto quanto os primeiros ou até mais satisfeitos; muitos gostam de pensar em voz alta ou com o auxílio de um diálogo, ao passo que outros, enigmáticos, o fazem consigo mesmo.

Preciso é, portanto, procurar compreendê-los. Cada indivíduo é, neste mundo, o soberano de um pequenino império. Desde o homem mais importante até o mais humilde vendedor de amendoins; do sábio até o delinqüente mais abominável, todos tem o seu mundo próprio, com suas fronteiras, seus aliados, seus inimigos, sua possessões e seus códigos. Quase sempre é um reinado sui-generis, sem povo e sem vassalos. Nele reina, alegra-se ou se acabrunha o seu habitante único: o imperador. E esse mundo engraçado começa a construí-lo o indivíduo na mais tenra idade. Muita criança que julgamos retardatária ou rebelde não passa de um "rei" mal compreendido, ou que tenha sido irritado por algum "inimigo" que tentou invadir-lhe um terreno que julga ser somente seu.

Quem desejar compreender e ser compreendido, não deverá ser tomado como "inimigo" que invade, mas como um amigo que acerca para trocar a sua amizade.

FESTIVIDADES

São freqüentes, no escotismo, as ocasiões em que um grupo ou associação que deve reunir-se com solenidade. Comemorar uma data; promessa coletiva; entrega de certificados, etc., são motivos para o que costuma chamar-se de uma "sessão solene".

Ainda neste gênero de atividade pode o chefe fugir ao sistema clubístico, dando-lhe, com vantagem, um cunho todo escoteiro. Mesmo quando tenham sido convidados elementos mais variados – outros escoteiros, simpatizantes, famílias, personalidades públicas, etc., - ainda e sempre dará melhor resultado solenizar em ambiente típico do nosso movimento.

Os longos discursos devem ser substituídos por rápidas palavras, onde o tempo e o assunto sejam explorados com vantagens de precisão e aproveitamento. Dez minutos bastam para qualquer pessoa dizer aquilo que deseja. Nunca deveriam ser tolerados mais de quinze. Aquele que precisar derramar catilinárias quilométricas, das duas uma: ou quer abordar todos os assuntos de uma única vez – o que é pouco escoteiro por ser pouco inteligente – ou não sabe com precisão aquilo que deseja explicar aos outros, o que é menos escoteiro ainda.

Se vocês quiserem – neste terreno – contar com sucesso assegurado, prefiram acender um pequeno fogo no pátio ou jardim. Ao seu redor pode processar-se com maior graça e melhor ambiente, tudo aquilo que vocês desejam: conversas; canções; entrega de certificados, etc., dentro de um prisma tipicamente nosso.

Quando alguém, porventura, desejasse fazer uma palestra sobre um assunto específico – o que seria até bom que não acontecesse raramente

– nada impediria que o fizesse dentro de um salão e se alongasse hora ou hora e meia, sob a condição de que, antes, tenha divulgado amplamente a espécie do assunto a ser tratado. Promovendo, só para este fim, um encontro das pessoas e dos escoteiros interessados, ninguém poderia estranhar o tema e a natureza da palestra. Isto porque nem todos os assuntos interessam indistintamente a todos. Algumas pessoas seriam capazes de andar quilômetros para ouvir uma palestra sobre óperas, enquanto outras seriam capazes de andar outros tantos quilômetros, mas em sentido contrário...

Por esse motivo, sempre que tomarmos a deliberação de reunir grande número de pessoas, o assunto deverá ser variado, curto e atraente, para agradar ao maior número possível sem o risco de massar demasiadamente a ninguém.

Outros pontos merecem igualmente não serem esquecidos. Calcular quanta gente deverá estar presente e se vai ser possível justificar a todos o convite feito. Se o assunto irá interessar a pequenos e grandes, ou se àqueles ou a estes. Poderia contar, neste particular, um caso passado comigo.

Teria entre dez e onze anos, quando o instrutor, (naquele tempo usava-se mais a denominação de instrutor), deu ordem que nos apresentássemos às cinco horas da tarde, ordem esta seguida da frase já muito nossa conhecida de que "quem não vier será expulso". Em casa não soube, nem poderia saber, responder às perguntas "aonde você vai; o que você vai fazer, ou quando você volta". No ponto de reunião esperamos mais de uma hora pela chegada de todos os que "não queriam ser expulsos". Depois de uns tantos bondes e umas tantas voltas, suspeitamos estar chegando ao local do destino, pois surgiam aqui e acolá, outros grupos de escoteiros. Finalmente disseram: É aqui, e paramos em frente a um prédio no centro da cidade. Mas embora já soubéssemos que a "coisa" seria ali, a nossa curiosidade de saber o que iríamos fazer não pôde ser satisfeita, pois até onde alcançava a nossa visita, podíamos ver que havia tantos escoteiros que, transbordando do sobrado, derramavam-se pela escada e atapetavam a calçada e a rua. Resumindo, direi apenas que passamos ali cerca de quatro horas, tendo conseguido, depois de empregarmos o maior esforço, chegar a subir até os primeiros degraus da escada. Nunca segredo algum roeu mais a minha curiosidade, nem perdurou mais em minha vida, do que saber o que se passou lá em cima. Lembro apenas de ter ouvido palmas, risadas estrondosas e silêncios comovedores. De resto, só treva foi para mim e para os outros, o motivo que nos levou tão cedo e nos trouxe à meia noite para casa. Ainda hoje, quando vejo alguma festividade onde uma parte pode entrar e a outra deve ficar fora, procuro sempre observar, entre estes últimos, algum moleque que, como eu naquela ocasião, vai voltar para casa sem saber o que foi fazer ali!

Em resumo, poderia dizer que o escoteiro deverá revelar sempre que é um especialista no preparo duma "festa", seja ela qual for, justificando plenamente este nome, que subentende alegria, divertimento, camaradagem saudável, não somente para alguns, mas para todos os que se acharem presentes.

Tanto maior será o sucesso de uma ocasião como essas, quanto maior dor o número de pessoas, grandes ou pequenas, que ao voltar para casa sintam ter-se divertido um pouco e participado de alguma coisa.

R
T
Y
G
H
B

SORRIR E... AGIR, NAS DIFICULDADES

Durante a revolução de 32, quando me foi confiada á chefia dos escoteiros que operavam junto à Cruz Vermelha, da frente, onde me achava, tive que me deslocar para o hospital central, então em Pinda. Passou-se ali um fato sem grande importância geral, mas de grande significado para o patrimônio e valor prático do escotismo. Merece, portanto, ser lembrado.

Certa vez, já mergulhada a cidade e os trabalhos na calma e silêncio da noite à dentro, apareceu repentinamente uma ambulância trazendo um ferido em muito más condições: um estilhaço na cabeça que deveria ser extraído sem demora. Não foi nada custoso arrancar dos pijamas um bom cirurgião, um assistente e várias enfermeiras. O local e o material também estavam sempre pontos para qualquer emergência. Mas... nada poderia ser feito sem primeiro uma radioscopia e, por infelicidade, o radiologista estava na sua noite de folga.

O escoteiro de plantão, em bicicleta, e várias outras pessoas foram à sua casa, e a todos os lugares possíveis e impossíveis onde pudesse ele estar. Nada! Passado certo tempo de busca, não só havia sido impossível encontrá-lo como ninguém sabia onde teria ido parar. Imaginem que nem na esquina perto da casa da única moça bonita da cidade ele estava! Completada a meticulosa caçada, deram-se os médicos por desobrigados, adiando a operação para o dia seguinte. Todos se sentiram desobrigados, menos o escoteiro, que parafusava... Releva notar como, praticamente, dá resultados o fato de repetirmos que os ensinamentos escoteiros continuam a agir, mesmo depois de esgotados os recursos que a todos parecem perfeitamente satisfatórios.

Estabelecendo o princípio de que "em algum lugar deveria estar", resolveu continuar a busca por sua própria conta. Vamos acompanhá-lo agora, conforme eu consegui depois de reconstituir os fatos: Voltou a toda velocidade para a casa do radiologista. Mas, como já havia ficado claro, onde não estava lá... Não estava, e o escoteiro o sabia muito bem, mas ia à procura de algum indicio que pudesse revelar para onde ter-se-ía ele dirigido. Era o sistema escoteiro de fazer as coisas. Procura uma pista! No quarto, nada. Na sala, nada e nada na cozinha. Nada na cozinha? Então porque abaixou-se o escoteiro, erguendo uma casca de batata do chão? - Não. Não era uma casca de batata, era um raminho verde e cortado fresco. "Bambu da Índia" exclamou... Pensou um segundo e disparou pedalando para o hospital. Ali foi direto à cozinha – que permanecia aberta à noite toda – onde perguntou apressado: "O Dr. Mario veio pedir à senhora algum pouco de carne?" - "Carne não – disse a cozinheira – pediu miolo de pão e farinha de mandioca, que amassou com água..." Nem obrigado lhe disse o escoteiro, já estando na rua à procura de alguém que lhe dissesse onde ficava o rio. Nem viva alma!

Tinha chegado naquela tarde à cidade, não conhecendo dela um palmo sequer. Mesmo assim aplicou novamente a fórmula escoteira para encontrar água: Prá lá tem uma colina. Pra cá uma baixada... se houver água deverá estar na baixada e, enquanto pensava, já torcia a bicicleta pela primeira rua em descida que encontrou. Rua é uma maneira de dizer, pois a calçada e iluminação avançavam apenas uns cinquenta metros. Depois... uns corcovos e escuridão de breu. Continuou rodando à alta velocidade, sem enxergar nem mesmo a ponta do nariz. Há qualquer momento esperava bater a cabeça em qualquer coisa pouco agradável. A picada era "adivinhada" apenas pelo roçar do pneu, que ia sendo torcido daqui pra ali, conforme a intuição e a sorte ajudassem. De repente fez guinchar os breques, estacando. Não tinha visto nem ouvido nada, mas qualquer "coisa" lhe dissera que parasse. E fizera bem, pois aguçando agora o ouvido podia perceber que, alguns metros adiante, marulhava o rio. - E agora? O rio era tão grande, como encontrar naquela escuridão de breu exatamente o lugar em que o Dr. Mario estaria "radiografando" uns lambaris com o seu caniço? Sem pensar muito, entretanto, aplicou a primeira providencia que lhe veio à cabeça: Fazendo concha com as mãos, gritou a plena força pelo nome do "pescador". Em uma direção, em outra, e assim por diante, compassadamente, esperando sempre que o grito chegasse o mais longe possível.

Mas nada conseguia. Como única resposta, coaxavam os sapos e piavam os grilos no banhado, de espaço a espaço. Antes de dar-se por vencido, repetiu a operação por diversas vezes, sem resultado algum.

Enquanto pensava na situação, aproveitou para aplicar mais um expediente escoteiro, que consiste em ficar perfeitamente silencioso durante um certo tempo, girando vagarosamente a cabeça em todas as direções, procurando ouvir, na brisa, qualquer ruído que sirva de pista. Com uma certa prática e um leve vento favorável, consegue-se ouvir assim, um simples mudar de passo a uma distância de meio quilômetro.

Mas nada! A empresa, tão bem sucedida até aquele momento, ruiu completamente por terra, inutilizando um esforço que parecia tão bem orientado.

De ruídos, somente o cri-cri dos grilos e o chou-chou-chou dos sapos. Resolveu voltar, decidindo gritar pela última vez. Chamou com tal força, que os próprios sapos suspenderam, por um momento, a sua estranha cantileza. Súbito, alguma coisa de estranho passou-se ao seu lado. Alguma coisa mexera menos de um passo de distância. Mexeu, e tornou a mexer-se. Já meio atordoado pela situação angustiosa da pressa e pela escuridão absoluta que não ajudava em nada, o escoteiro pensou que, certamente, deveria ser algum sapo. Com o barulho que fez no capim, ao mexer-se pela segunda vez, pensou: Sim, deve ser algum sapo grande, muito grande mesmo. O diabo é que o sapo tornou a mexer e, pigarreando, o "sapo" disse: "o que é que você quer?".

Oh. céus! Ali estava o bicho, o radiologista, e bem aos seus pés. Mas que diabo! O escoteiro tinha uma porção de perguntas a fazer... o tempo urgia. Levou um segundo para explicar o caso. Outro levou para embarcar o pescador em sua bicicleta e, finda que estava a sua missão, voltou bem devagarinho pela margem do rio. A neblina gelada dava uma sensação diferente e agradável. O vento parecia estar dizendo alguma coisa e, até os sapos, pareciam ter modificado o compasso, cumprimentando na sua passagem o escoteiro que volta para casa contente mesmo...

O CHEFE, UM AMIGO

Nenhum chefe deverá ver no escoteiro uma pessoa que lhe sirva de instrumento para satisfazer vaidades em obter "número" ou exemplos de perícia, neste ou naquele setor, sem levar em conta resultados danosos ou contraproducentes.

Ao contrário, ao ver diante de si o menino, o rapaz ou o homem que decidiu valer-se do escotismo para tornar mais alegre a sua vida e principiar a solver a sua tarefa, não pequena, de tornar-se um cidadão útil, considerar equitativamente os deveres que vai apontar-lhe e, ao mesmo tempo, as prerrogativas a que tem direito.

Este é o motivo pelo qual assume grande importância a divisão da tarefa nestas duas partes: Ajudar os rapazes a vencer as suas dificuldades em casa, na escola ou no trabalho, e proporcionar-lhes conhecimentos sobre coisas que lhes permitam adquirir a aptidão de vencer dificuldades. Os ensinamentos, a uns diverte. A outros instrui e, aos demais, servirão pelo menos como sugestões para pesquisas e estudos por sua própria conta.

Tudo isso sob o ponto de vista indispensável de que tanto a orientação como os ensinamentos, para que estejam enquadrados dentro do programa escoteiro, deverão ser ministrados de maneira interessante e agradável, mediante jogos e palestras idênticas as de um pai que se detêm por uns instantes para explicar ao filho, durante um passeio, como é que os peixinhos respiram debaixo d'água, ou por que é que um homem, para mandar, deve principiar por obedecer. Voltando os olhos ao passado, a observar-me quando era iniciado no escotismo, sendo igual a todos os moleques daquela idade, acreditava em tudo o que me era dito e fazia tudo o que mandassem, principalmente quando vinha com o rótulo de escotismo. Mais tarde, quando tive a oportunidade de avaliar o que significava realmente o que "era escotismo" e aquilo que deixava de o ser, tendo sido guinchado ao cargo de chefe tive a meu favor experiência pessoal, colhida do ponto de vista do mais insignificante dos escoteiros. E foi valiosa esta experiência.

Aprendi assim, a distinguir entre ajudar realmente um rapaz ou manter-lhe oca a vidinha. Soube, por aquela forma, que uma coisa era orientá-los para a vida, por meio do escotismo e outra, bem diferente, seria tomar-lhes o tempo com exigências secundárias, só para tornar "grandioso", apenas o nome desse mesmo escotismo. Diferença sabia existir ainda, na alternativa de dizer-lhes as coisas com sinceridade, contentando-me em obter o que estivesse ao nosso alcance, do que procurar colher resultados ilusórios, passageiros e destituídos de qualquer finalidade.

A aceitação do escotismo é uma glória e ao mesmo uma grande responsabilidade.

Dos dezesseis anos em diante, sai o rapaz para experimentar a vida: um emprego, um clube, uma namorada, são as suas primeiras tentativas. Leva consigo muito idealismo e pouca prática. Sobra-lhe boa vontade, mas, a cada passo, percebe faltar-lhe o principal: Escolher as decisões; medir as respostas; calcular os resultados. Como conseqüência sofre os embaraços, as ciladas e as desilusões. Sente-se fraco para a luta e isolado para a resistência. Desamparado nos contratempos, verifica com grande desgosto a diferença entre a vida tal qual ele a idealizou e aquela que encontra pela sua frente.

É fácil verificar, como tem pouco valor a quantidade de conselhos e ensinamentos que ele recebeu se, ao mesmo tempo, não lhe tenha sido dada a oportunidade de treinar e experimentar safar-se das dificuldades, que na vida escoteira, são apresentadas numa escala amena, atraente e sob aspecto eminentemente prático.

O Governo confia no escotismo. Confiam nele, também, a sociedade e os pais. O escotismo, ao aceitar desses últimos a inscrição de um filho, está tomando sobre os seus ombros uma tarefa nobilitante, mas ao mesmo tempo delicada. Sob a alegação de "escotismo", obtém o rapaz dos seus pais uma prematura carta de alforria e uma ampla dose de liberdades. Confiam os pais, assim, ao movimento, a tutela daquela disciplina e a orientação destas liberdades. Cabe aos chefes, aquilatar o quanto de responsabilidade está assumindo, para que um desperdício ou aplicação inadequada não resultem em uma perda de tempo, por demais precioso para o rapaz, ou, o que seria pior, um desvirtuamento das finalidades a serem atingidas.

Considerar que não existem detalhes que sejam sempre absolutamente insignificantes. Um encontro, um passeio, uma conversa, uma simples resposta a uma pergunta considerada pueril ou muitas vezes sem importância, estão somando na formação do caráter e influindo na maneira de pensar do adolescente.

Deve parecer sempre um amigo mais experimentado, que a todos ouve e a todos tem uma sugestão boa para dar. O tato com o qual conduzir as coisas dependerá sempre uma grande porcentagem do resultado, lembrando que a ninguém agrada que suas "conversas" com o chefe sejam temas para serem espalhados e comentados. Falar sempre como amigo sincero, que procura entender e ajudar, com clareza e experiência, sem esquecer, todavia o conselho de Kipling: "... embora não parecendo tão bom, nem falando tanto como sábio".

R
T
Y
G
H
B

DESCOBRIR OS MEIOS

O escotismo serve para todos, bons e maus. Aos bons, serve para fazer-lhes sentir o prazer da prática do bem, firmando-os no caminho desse procedimento. Aos maus, subtrair-lhes, pouco a pouco, para que em seu lugar seja erguido outro, feito da rocha sólida e eterna das boas qualidades.

Alguém poderia asseverar que não existem indivíduos perfeitos, não se justificando a primeira afirmativa. Também poderia concordar. Mas precisamos admitir a hipótese, pois os chefes esbarram, não raro, como esta evasiva: "... mas, meu filho não precisa do escotismo, ele é tão bom!".

O critério da mescla da quantidade e da qualidade dos rapazes que devem constituir o grupo, porém sofre variações de naturezas diversas. Dependendo esse fator de motivos ocasionais e da fibra e traquejo do chefe, não pode ele ser codificado ou mesmo sugerido em regras. O importante é obter sempre, entre a quantidade de maus que deve admitir um equilíbrio tal que lhe dê sempre, a segurança necessária de que os maus sejam assimilados pelos bons, e não vice-versa. É conhecida a regra de que o escotismo faz milagres, mesmo diante de casos considerados perdidos. A pedra de toque, a chave mágica para a operação desses milagres é o entusiasmo.

O gênio inventivo da mecânica construiu certos tipos de portas que podem ser abertas por qualquer pessoa, sem estar munida de chave. Basta, para isso, saber em que direção deve ser enviado um feixe luminoso ou emitir certo som particular. Com essa simplicidade a gente assiste, admirado, entrar em funcionamento todo um complicado mecanismo; segue-se um ruído seco e. uma pesada porta gira magicamente sobre os seus gonzos, apresentando aberta a passagem.

O segredo, para o bom resultado no escotismo, também tem o seu mecanismo engenhoso: Escolher a direção para enviar aos indivíduos a luz de um ensinamento são ou do toque de uma palavra que vai abrir a compreensão e o espírito dos que desejam fluir os ensinamentos escoteiros.

Em última análise podemos considerar como indispensáveis pelos menos estas duas condições: confiança e entusiasmo.

A tarefa poderá ser exaustiva. Poderá ser longa e complicada, mas trará sempre o seu resultado se puder contar pelo menos com a vontade daquele que deseja aprender.

Não confundir má vontade, todavia, com impossibilidade ou incompreensão, o que é freqüente. Cada caso deverá ser analisado individualmente, em suas causas e raízes. Um jornal publicou, por exemplo, a notícia estranha de que um menino, que se entregava à tarefa de engraxar sapatos numa das nossas praças públicas, subitamente e sem motivo algum, desfechou violenta canivetada em seu companheiro. O fato, que chocou quantos o assistiram ou dele tiveram conhecimento, descobriu que o moleque agressor estava, naquela hora, padecendo uma terrível dor de dentes, algum motivo insignificante, provocava a cena tão reprovável.

Avaliamos assim, quanto valor existe em pesquisar, as razões das coisas, que nos parecem à primeira vista tão estranhas. Isto não quer dizer, que toda pessoa que sentir uma dor de dentes tenha, igualmente, o direito de amolgar a cabeça do vizinho mais próximo ao feitio roliço de guatambu. Quer dizer, apenas, um rapaz na prática do bem, desde que ele tenha, pelo menos, um leve desejo nesse sentido.

Duvido sempre do resultado de convencer-se alguém que esteja determinado a não ser convencido. Assim, a um chefe é mais importante assegurar nos seus escoteiros primeiro a vontade de aprender, do que principiar ensinando.

EXERCÍCIOS FÍSICOS

Nada impede que o escoteiro jogue, salte ou faça ginástica rítmica nos moldes das competições esportivas. Este não é porem o método empregado pelo escotismo no seu problema de educação física. Do mesmo modo que desenvolver a cultura e as qualidades morais afasta-se o escotismo do sistema acadêmico, para empregar sistema de encará-los ao par com os problemas da vida, tal como irá ela apresentar-se mais tarde ao indivíduo, também no desenvolvimento físico emprega o sistema cultural: escalar uma montanha, nadar, construir uma cabana para abrigar-se ou um ponte ligeira para atravessar um rio.

Assim, quando depararmos com um grupo de escoteiros de calções brancos, listrados ao lado de preto ou azul, fazendo ginástica sueca ou jogando alguma coisa numa praça de esportes, com primeiro e segundo tempo, cronógrafo, placar, apito, etc., seria absurdo dizer que estamos diante de um erro. Fácil é perceber, porém, que alguma coisa encontra-se deslocada.

É que notamos faltar ambiente e prosperidade para que possamos encontrar ali o verdadeiro escotismo.

No nosso sistema, julgamos mais sadio, mais alegre, mais proveitoso, esse mesmo grupo, nos seus uniformes cáquis, empenhados em vencer um riacho, construir um abrigo, atingir uma montanha ou guindar-se até ao cimo de uma árvore para uma observação interessante.

Os esportes de praça tendem a criar campeões, a evidenciar os especialistas, a idolatrar os bíceps sobrenaturais. Esquecem o vencido, riem do desajeitado, detestam o fraco.

Cartas aos chefes

No sistema de jogos escoteiros, o hábil é saudado; encoraja-se o tímido e orienta-se o débil. Todos, indistintamente, têm uma oportunidade para melhorar, fruir os ensinamentos e partilhar das mesmas tarefas e das mesmas alegrias, sem superioridades nem constrangimentos.

Uma coletividade forte e próspera não é sustentada apenas por alguns pedestais isolados. Sustentam-na sim, os braços de todos os seus cidadãos.

S.O.S

Conversando há alguns dias com uma pessoa que adquiriu o distintivo de "paciência", por ter lido um grande número destas "cartas", lembrou-me ela, com bastante razão, a vantagem de abordar o assunto do perigo a que estão expostos os escoteiros em suas atividades.

É verdade que uma das características do nosso sistema educacional baseia-se exatamente em forjar o caráter das crianças, colocando-se diante de situações embaraçosas e, por vezes, perigosas, como serem surpreendidas por forte aguaceiro, em pleno campo. Passar noites na floresta, etc., com o fim evitar que cresçam inaptas para a vida ou desfibradas para as adversidades. A idéia de um filho "flor de estufa" desagrada aos próprios pais. Isto não implica, todavia, em fazer com que os pequenos corram real perigo ou sejam inutilmente expostos a acidentes, mesmo que seja em pequena escala. O olhar vigilante do chefe não deve desviar-se um instante sequer, em toda uma atividade sob a sua orientação, o encontro para a partida, até ao momento final do regresso.

Essa é a razão pela qual disse, em outro local, a vantagem de que as atividades de campo sejam precedidas por um treino adequado e bem orientado, feito na sede. Exercícios físicos, para preparar a resistência. Jogos variados, que favorecem o espírito de observação, agilidade, rapidez e disciplina. Conhecimento dos nós, pistas, perigos, etc. Em seguida, pequenas atividades, que no principio não sejam muito diferentes nem mais difíceis do que os simples passeios com a família. Delas poderá o chefe, colher informações úteis no preparo de programas melhores: resistência dos meninos; suas aptidões; conhecimentos e fraquezas, sendo aproveitados e desenvolvidos uns e, outros, vencidos pouco a pouco. Daí, ainda, a vantagem que já apontei, de procurar vencer "sempre" e "bem", todas as dificuldades.

A vida do campo é o maior atrativo de que dispomos onde se procuram imitar as façanhas dos pioneiros, exploradores, índios, etc. Ao espírito atento do chefe compete, porém, orientar o quanto e como devem elas ser praticadas, levando em consideração a habilidade e as forças de cada um. Nem o entusiasmo ou, menos ainda, uma ordem, deverão ser motivos para um deslize ou justificativas para um abuso, mesmo que seja bem sucedido.

Todos os fatores deverão ser detidamente observados para que o motivo "imprevisto" possa ser devidamente afastado. Imprevisto é a desobediência de uma ordem tácita, como imprevistos são a perda de uma condução, não acertar com o lugar desejado, etc. Para um bom chefe não deve haver imprevistos, pois saberá de antemão o que cumpre fazer diante de qualquer alternativa: conclusão de emergência; farmácia mais próxima, telefone, e assim por diante.

Um cargo de chefe é uma regalia nobilitante perante a sociedade. Lembrar sempre que ninguém o irá procurar para encontrá-lo ou congratular-se por ter desempenhado eficientemente as suas atribuições durante quinze anos. Se a desventura colher, mesmo por casualidade, um dos rapazes sob a sua direção, poderá estar certo que, além da sua própria consciência, todos os dedos levantar-se-ão na altura do seu nariz. Alerta, pois. Nenhum descuido ou imprevidência em todas as ocasiões. É preferível ser taxado de super cuidadoso, do que passar pelo duplo desgosto de um acidente qualquer. Na ordem decrescente dos perigos encontrados nas atividades, temos:

A água, com os banhos de mar, lagoa ou rio. Observar horários estabelecidos, mantendo-se todos sob as vistas de um que saiba nadar habilmente.

Os mosquitos, transmissores de doenças palustres e picadas infecciosas. Procurar informar-se das regiões e das épocas do ano em que eles são perigosos.

Ferimentos, por quedas, armas de fogo, machado, canivetes, espinhos, etc. Evitar o abuso e ensinar o uso adequado destes instrumentos.

Animais venenosos, cobras e aranhas. Embora nunca tenha havido caso algum de escoteiro mordido é sempre útil estar prevenido com soros próprios e conhecimentos dos seus hábitos e lugares que ofereçam perigo.

Friagens e abusos com a intempérie. Doenças insidiosas podem ser adquiridas por um simples descuido. Determinar sempre o agasalho necessário e as providências adequadas para evitar os males decorrentes. Ninguém deverá ir para o campo sem uma capa.

Águas poluídas. A água potável é o principal fator no campo. Difundir o seu reconhecimento e o cuidado necessários. Uma água potável deve ser límpida, não ter cheiro nem gosto. Em caso de duvida procurar filtrá-la ou procurar outra melhor.

O cansaço excessivo é um mal para as crianças. Um cansaço normal, depois de um, dois ou mais dias de atividade saudável, deverá desaparecer inteiramente com um dia de repouso. Não submeter os rapazes a esforços que estejam acima da idade e das condições físicas de cada um. Por isso, as regras não são iguais para todos, mas ao contrário, o certo e o útil, variam de indivíduo para indivíduo.

Procurem difundir a análise, o conhecimento dos perigos e a maneira de evitá-los. Mais vale a satisfação de um resultado regular, do que um êxito retumbante, sob o risco de um desfecho lamentável.

BANDEIRANTES E ESCOTEIROS

Os escoteiros de todo o mundo têm os seus exemplos da história, onde colhem ensinamentos de idealismo, coragem ou aventura. Os cavaleiros andantes, os exploradores ou os peles vermelhas, são compreendidos em cada povo ou região, de maneira mais ou às vezes menos completa.

Sobrepujando a todos, temos nós, os brasileiros, um exemplo na história. Único, coincidindo em quase todas as suas arestas, com os escoteiros dos nossos dias: Os Bandeirantes Paulistas!

Raposo Tavares, Fernão Dias, Borba Gato..., homens que crescem às nossas vistas como o gigante frente ao pigmeu; o jequitibá ante o caniço, a montanha sobre o abismo.

E como se pareciam, com os escoteiros! Não tinham o dinheiro mercenário para servir-lhes de engodo às suas empresas. Movia-os a sedução do desconhecido, do maravilhoso, do perigo. Não lhes alugava a coragem a bolsa de um soberano ou o patrimônio de uma Companhia. Forjando cada qual a sua adaga, faziam tombar, aos grupos, os madeiros centenários nos quais escavavam as suas próprias embarcações. Não esmolavam ajuda: plantavam eles mesmos o cereal que deveria servir, mais tarde, de alimento nas longas e penosas jornadas e de sementes para culturas erguidas nas paradas, sertão adentro.

Em tudo descobrimos neles o espírito escoteiro: A energia, o arrojo e a determinação, tiravam-na do seu idealismo, do seu espírito de progresso e aventura. Os meios obtinham-nos com os braços estendidos, não para a esmola, mas para plantar de rijo a enxada ou o machado, que faiscava, na terra crua ou levantavam lascas enormes nos dorsos dos guatantãs empedernidos.

Quando partiam, não os tangia uma ordem: atraía-os um ideal.

As longas e intermináveis caravanas, abrigando gente de todas as classes e de todas as paragens, não levavam polícia para vigiá-los. O erro encontrava em cada bandeirante uma barreira e em cada consciência um algoz. Não conheciam, por desnecessário, o esbirro profissional. O transviado não temia, entre eles, o baraço ou o cutelo. Temia, porém, um justiçamento que calava mais fundo e doía muito mais: O desprezo de um bandeirante!

Não se amedrontavam – como não se amedronta o escoteiro – onde a distância ou a intempérie; o contratempo ou a fadiga. Longe pairava o seu destino, e o atingiam sempre, porque a bravura, a determinação e a resistência não se curvavam diante da primeira dificuldade. Preparavam-se com invulgar capricho, lutavam com desusada bravura, venciam e retornavam com uma precisão desconhecida para aqueles tempos.

Também as normas escoteiras não são um traje domingueiro que aguardávamos para vestir numa data, num lance, numa época: são normas do proceder de todos os dias; um sistema de encarar todas as coisas, um ideal que ilumina todos os caminhos. As normas escoteiras são a própria vida.

Contudo, o que mais avulta nas bandeiras que tanto se assemelha ao Escotismo? Os bandeirantes não nos deram episódios extraordinários, cenas de teatrismo empolgante ou lances de heroísmo pessoal. Foram somente bravos e foram somente fortes. Idealistas, sem o saber, foram constantes como a água e firmes como a rocha.

Os lances épicos salvam uma vida, remedeiam uma situação isolada, justificando um discurso ou uma página da história. Mas as grandes empresas, como as Bandeiras Paulistas e o Escotismo, não se restringem a nomes e a alguns momentos da vida: abarcam uma geração, derramam-se pelos séculos a fora.

Os bandeirantes nos legaram o chão grandioso, o espírito da serenidade, da coragem e do empreendimento. Os escoteiros, mantendo as mesmas qualidades desses patrícios memoráveis, povoam esse mesmo chão sagrado de brasileiros robustos, decididos e confiantes; cordatos, idealistas e firmemente resolvidos ao trabalho fecundo e nobilitante.

Ambos, bandeirantes e escoteiros, não merecem uma medalha, um pergaminho ou outro qualquer gesto de parada: Têm os nossos corações.

A ÚLTIMA MENSAGEM

Não sou dos que julgam que se deva endeusar o fundador do escotismo. O êxito da sua obra principiou ao haver empregado uma finura toda especial de cultivar, na humanidade, um valor que, embora latente, quedava até então inexplorado: A sinceridade recíproca. Outras obras, antes e depois da sua tiveram objetivos igualmente amplos e similarmente altruístas. Falharam, ou tiveram circunscrito o seu âmbito de ação, por faltar-lhes um elo que os unisse ou um cimento que fosse ajustando e mantendo as partes construídas. O elo está na sinceridade, como está na boa vontade o cimento que continua soldando o trabalho desinteressado de todos os companheiros do movimento.

Nada de transcendental, portanto, na obra de Baden Powell, que ele próprio conseguiu manter com as características iniciais: Amigos que conversam com o fim de ajudarem uns aos outros, na obra de ajudarem os demais.

Mesmo ao morrer, conseguiu dar-nos um soberbo exemplo de serena simplicidade, ante os problemas que temos pela frente. Em vez de palavras bombásticas ou caminhos esquisitos, na Última Mensagem, que dirigiu aos escoteiros de todo o mundo, falou como um amigo despretensioso. Propositalmente teci estes comentários antes de transcrever as suas palavras. Não teria coragem de fazê-los depois. Ao terminar a sua leitura, o sentimento que nos invade é tão ameno, confiante e agradável, que acrescentar-lhe quaisquer palavras seria em puro detrimento.

Notem como a primeira impressão é de estranheza. Pensamos encontrar ali toda uma ordem para fazer isto ou aquilo, "para o bem do escotismo". Em seu lugar, entretanto, verificamos que ele, ainda uma vez, mostrou o seu interesse pelos escoteiros, não pelo escotismo. A característica toda sua de distrair, não deixou de aproveitar, mesmo morrendo a oportunidade de contar uma pequena história!

Não falou, em toda a mensagem, uma única vez de "Escotismo", salientando, com isso, que não é na forma que devemos encontrar a verdadeira essência da sua idéia. Finalmente, em lugar de terminar dizendo "o teu chefe", o "grande chefe", o "chefe mundial", preferiu, simplesmente, este titulo: "Vosso amigo"!

"A ÚLTIMA MENSAGEM"

Se vocês assistiram à peça "Peter Pan", estarão lembrados como o chefe dos piratas estava sempre manifestando as suas últimas vontades, temendo a possibilidade de que quando o colhesse a morte não teria tempo de tirá-las fora do peito. Acontece comigo mais ou menos a mesma coisa e, embora não esteja morrendo neste momento, isso poderá acontecer-me num destes dias e eu gostaria de enviar-lhes uma palavra de adeus.

Lembrem: Isto é que de último vocês irão ouvir de mim. Pensem a respeito.

Como passei uma vida muito feliz, gostaria que cada um de vocês tivesse, igualmente, a mais feliz das existências.

Creio que Deus colocou-nos neste mundo cheio de maravilhas para sermos felizes e vivermos alegremente. A felicidade não vem de vocês serem ricos bem sucedidos nas suas carreiras ou pela própria condescendência. O primeiro passo para serem felizes é fazerem-se saudáveis e fortes enquanto crianças, pois assim poderão tornar-se úteis e fruir a vida quando ficarem homens.

O estudo da natureza mostrará quão belo e extraordinário fez Deus o mundo para que vocês o apreciassem. Contentem-se com o que obtiverem e procurem fazer o melhor possível. Em vez do lado cinzento, olhem para as coisas pelo seu lado brilhante.

Saibam, entretanto, que o verdadeiro caminho para conseguir a felicidade é o de proporcioná-la aos outros. Procurem deixar este mundo um pouco melhor do que o encontraram e, quando tocar a vossa vez de morrer, poderão fechar os olhos contentes e sentir que, de qualquer forma, não desperdiçaram o tempo, mas fizeram o que era possível.

Estejam Sempre Alertas no sentido de viverem e morrer felizes – cingidos à Promessa Escoteira – mesmo quando tiverem de deixar de serem crianças. Que Deus os ajude a proceder assim.

Seu amigo

Baden Powell of Gilwell

GLOSSÁRIO

Em se tratando de trabalho escrito nos anos 40, algumas expressões estão hoje em desuso.

Abespinhar - irritar, aborrecer.

Abexim - etíope.

Acrisolamento - aperfeiçoamento intelectual ou espiritual

Amanho - arte ou técnica de lavrar a terra.

Baraço e Cutelo - expressão que significa poder absoluto/arbitrariedade.

Bisonho - que tem pouca experiência/novato/principiante

Catilinárias - discursos, imprecação ou acusação violenta contra alguém.

Cava - cavernosa.

Cavername - conjunto de cavernas que dão forma ao casco de uma embarcação

Écran - tela branca em que se projeta a imagem de um objeto.

Enquistar - introduzir-se , encaixar-se.

Esbirro - agente de polícia.

Ingente - forte, poderoso, imponente.

Insopitadas - despertas, irrefreadas.

Luzido - cheio de luz, que faz muita vista

Milhares de cruzeiros - Moeda brasileira em uso na época

Peado - dominado.

Dados Internacionais de Catalogação na Publicação (CIP)
(Câmara Brasileira do Livro, SP, Brasil)

Spina, José, 1912-1995
Cartas aos Chefes / José Spina – São Paulo, 2009.

1. Escotismo 2. Educação 3. Conduta de vida I. Título

08-22466 CDD-153.8

Índice para catálogo sistemático:
1. Conduta de vida : 153.8

Este livro foi composto nas fontes AFL, Comercial e Bembo
impresso pela Imprensa da Fé em Fevereiro de 2009,
sobre papel Chamois Fine 80g/m².